100人のおばちゃん見～っけ！

品川に

みんなで子育て
まちづくり

もくじ◉品川に100人のおばちゃん見〜っけ!

第4章　子どもが育つ、人が育つ、街が育つ

はじめに

「おばちゃんち」。その名を聞いたのは、今から三、四年くらい前でしょうか。それは品川にある……と。懐かしい響きをもつその言葉には不思議な存在感があります。人の匂い、人のぬくもりが、ほんわかと伝わってきます。幼い頃いつも声をかけてくれた「近所のおばちゃん」をふっと思い浮かべながら、「おばちゃんち」にほのかな興味を抱きました。

聞くところによると、渡辺さんという、以前、児童館の館長をしていた女性が自分の家を親子が憩う場として開放しているとか……。それがすなわち「おばちゃんち」なのでしょうか。どうしてそういうことを始めたんだろう。その人はいったいどんなおばちゃんなのだろうか。好奇心の虫が、もぞもぞ動き出しました。でも、毎日の忙しさの中、好奇心の虫はそれ以上騒がず、ほのかな興味はほのかなままに、日々が流れていきました。

そのうち、偶然、テレビや新聞で、「おばちゃんち」と遭遇することがありました。「あ、これ品川の『おばちゃんち』だ!」。思わずのぞき込んだそこからは、「おばちゃんち」が、人と人のつながりをあたためているようすがかいま見えてきました。なんだかとっても心地よさそう。おもしろいことに都会の真ん中なのに、なぜか街の匂いもします。

テレビや新聞のそうした情報からは、「おばちゃんち」が地域の子育てを元気づける上で活躍しているようすが伝わってきました。ただ、どうもいまひとつその姿がはっきりととらえきれません。子育てサロンのようなことをしているようだけれど子育てサロンというわけでもなさそうです。行政の委託を受けて一時保育をしているけれど、それが活動の中心というのとも違うようです。地域の子育て関連のさまざまなグループの活動をサポートしていますが、それらのグループが「おばちゃんち」の傘下にあるわけでもなく、また、傘下に組織するつもりもないようです。その活動を「形」でとらえようとすると、どうもうまくつかめません。私がこれまでに出会った子育て支援グループのどのパターンにもはまりません。

そうそう。「おばちゃん」という人も何人もいるようです。それも、別に「おばちゃんち」に所属している人にかぎらず「おばちゃん」なのです。そしてまた、「おばちゃんち」というのは、特定の場所や建造物を指す言葉ではなさそうなのです。じゃあ、「おばちゃんち」って何だ? 少しばかりその姿が見えてきたと思ったら、かえって謎がいろいろ出てきてしまいました。私の好奇心の虫はまたもぞもぞ動き出しました。とにかく自分の目で見て、自分の耳で聞かなくっちゃ。

長年、子育てに関わる仕事をしてきた私は、一九九〇年代後半から、子育てがどんどん苦しくなっていく姿を見てきました。その一方で、そんな状況をつくり変えていこうというエネルギーがあちこちに生まれてきたのも見てきました。「こんな場があるといい」「こんなことができるとうれしい」という子育ての現場の素朴な思いを、自分たちでひとつひとつ具体的な形にしながら、その行動を通して、世の中に変化をもたらしている、そんな活動です。「なるほど」「こんなあり方もあるんだ」「これなら私にもできる」と、その行動は事実が目の前にあるだけに説得力があります。

全国各地でさまざまな形で展開するそれらを、心躍らせながら取材してきた私は、その中で次第に「子育て支援は街づくりだ」との思いを強くしてきました。子育て支援の場づくりやシステムづくりも大事なことですが、それら「点」と「線」だけでは子育てにやさしい環境はできてはいかない。親や子がいきいきとその地域で生きていけるために、「人のつながり」に支えられた「街」をどうつくっていくかを模索していくことが欠かせない……と感じてきました。そう考えたとき、品川の「おばちゃんち」のとらえどころのないその姿が、なぜかとっても気になります。

「おばちゃんち」の代表である渡辺さんは「風を吹かせるのが『おばちゃんち』の活動。その風を感じた人がまた風を吹かせる」とそんなふうに言っています。人と人のつながり。それぞれの人の色あいをのせた風。それらが街のあちこちでやさしく吹いたら……。どんな街になっていくのでしょう。

そうこうしているうち、こんな話が聞こえて来ました。「『おばちゃんち』は百人のおばちゃんを目指しているんですって」。「えっ、品川に百人のおばちゃん?」。それを聞いた途端、私の頭の中にパッと絵が広がりました。家の前で子守歌を口ずさみながら赤ちゃんを抱っこで寝かしつけているおばちゃん、家の中で幼い子と積み木をしているおばちゃん、膝の上の子どもに絵本を読んでいるおばちゃん、二階の窓から外の親子に「また遊びにいらっしゃいね」と手を振っているおばちゃん、通りではベビーカーを間にママとおしゃべりしているおばちゃん、公園ではベンチに座って子どもに笑顔を送っているおばちゃん。そんないろんなおばちゃんがいる街の絵です。いいなあ、そんな街。こんなおばちゃんがいっぱいいる街。これは楽しい。頭の中に描いたイメージにひとりワクワク。品川のおばちゃんたちに会いたくなりました。

それからいくらもたたないある日、「品川の『おばちゃん』、もう五十人はいってるって。百人なんてすぐみたい」と、そんな情報が入ってきました。これはおちおちしていられない。

ちょうどそんなとき、ひとなる書房の社長、名古屋さんが「おばちゃんち」と私をつないでくれました。「おばちゃんち」がNPOとして発足してからまもなく五周年を迎えること。五周年に際して、出版物を出そうという話があること。……と、その話が発展して、私はその本づくりに仲間入りさせてもらうことになったのです。かくして念願かなって品川の「おばちゃん」たちに話を聞かせてもらうこととなりました。

品川で子育てに関わるさまざまな活動をしている「おばちゃん」たち一人ひとりに会って、それぞれの「おばちゃん」の物語と、「おばちゃんち」との関わりの物語を聞かせてもらう。そんな私の「おばちゃん」取材活動が始まりました。「おばちゃんち」に直接、間接に関わるたくさんの「おばちゃん」を取材することを通して、代表の渡辺さんの言う「風を吹かせる」というその意味も「そうだ。こういうことなんだなあ」と実感としてつかめたような気がしますし、「おばちゃんち」の新しさ、おもしろさも感じてきました。

取材を始めてから、私が出会った「おばちゃん」は多分、百人を超えるでしょう。時間と場所を決めて会ってじっくり話を聞かせてもらった人、取材という形ではないけれど話を聞かせてもらった人、集まりで場を共にし、その人の発言に共感し頷きながら聞いたけれど直接的には話をしなかった人、立ち話や歩きながらのおしゃべりをした人、その活動ぶりを見せてもらった人、楽しい集まりで笑い合った人、挨拶を交わした人、エールを送った人、「おばちゃん」という表現をするのが申し訳ないような若いママたち、そのママよりさらに若い十代の仲間たち。そして「おばちゃん」だけでなく、すてきな「おじちゃん」も、元気はつらつのヤングマンたちも……。

前述したように、「おばちゃんち」は、その組織の下に百人の「おばちゃん」がいてその方針の基に活動をするという、そんな構図で描かれるものとはまったく違います。街のそこここでそれぞれの「思い」や「自分」を発揮するさまざまな持ち味の「おばちゃん」たちと「おばちゃんち」が編みなす人模様が、街にいろいろなものをもたらし、風を吹かせ、人びとが暮らす街のすてきな街模様をつくっていく。「おばちゃん」たちと「おばちゃんち」の関係はそんな関係なのです。「おばちゃんち」は一人ひとりの「おばちゃん」の思いをつなぎ、その関係を発展させていく、そんな存在と言ったらいいでしょうか。本文をお読みいただけたらきっとご理解いただけると思います。

第1章から始まる物語は、私が出会い、話を聞かせてもらった「おばちゃん」の物語であり、一人ひとりの「おばちゃん」を通して見えてくるNPO「ふれあいの家—おばちゃんち」の物語であり、その歩みの中で「おばちゃんち」が育んできたものの物語です。スペースの事情で、残念ながら私が会ったすべての「おばちゃん」をここに紹介することはできませんが、ここに登場する人びとの姿を通して、「あなたも百一人目のおばちゃんよ」という「おばちゃんち」のメッセージを読みとっていただければ幸いです。

著者

第1章

人が人を結び、
人が街模様を編む

品川宿《しながわしゅく》にはすてきなおばちゃんがいる

「すみませーん。パンフレットありますか？」。表からの問いかけに応じて「はーい。こんにちは」と弾んだ声と共に女性が通りへ……。通りにはベビーカーの母と子が二組。一緒に公園に行く途中とのことです。お母さんたちは、ここで運営している一時保育の「ほっぺ」のことをちょっと聞きたいと言います。

「一時間、いくらくらいなんですか」「今日預かってくださいというのはできるんですか」「一カ月ってお願いするのもできるんですか」。質問がポンポンとびます。案内のパンフレットを渡し、ひとつひとつの質問に「そういうときにはね、こういうふうにしてくださるといいの」などとていねいに応え説明しながら、その合間にも時々体をかがめてベビーカーの小さな彼とおしゃべり。会話と笑い声のハーモニーが、さわやかな風と共に道幅の広くない商店街の店先にも届いて、辺りに和やかな空気が広がります。通りかかった親子と近所のおばちゃんとがちょっと立ち話。そんなふうにも見える風景です。

ここは旧東海道の品川宿。ＪＲ品川駅前の天を突くようなビル群を通り抜けると、突然風景が変わって目の前に現れるのがこの旧東海道品川宿です。その昔、大名行列が「下にー、下にー」と通った道であり、振り分け荷物の旅人が歩いたその道。そして旅人がわらじのひもをほどいてほっとくつろいだのがここ品川宿。本陣が、旅籠が、立ち並んでいた宿場町の風情がそこここに名残をとどめています。品川駅からほんの十分ほどの距離ですが、昔の人と出会うのではないかと、ふっとそんな気がするたたずまいの街です。

その品川宿の中程、商店が軒を並べるその中に、レトロモダンといった感じの「おばちゃんち」の看板が見えます。ここは「おばちゃんち」が品川区の委託事業として運営する一時保育「ほっぺ」がある場所です。通りに面しては「街猫」という小さなコミュニティカフェ、その奥、建物の横から入っていったところに一時保育の「ほっぺ」があります。旧東海道の道幅は六メートルほど。弥次さん、喜多さんが歩いた時代そのままの道幅です。家の表に出れば、通りのこちら側と向こう側で挨拶を交わしたり声をかけあったりすることができるほどよい道幅。通りがかりの親子とおばちゃんのちょっと立ち話も、そのまま絵になる道です。

通りに飛び出していって親子と談笑しているおばちゃん。その人が、私が最初に出会った品川の「おばちゃん」、渡辺美恵子さん。通称みこちゃん。ＮＰＯ法人「おばちゃんち」の代表です。お母さんたちと談笑するその横顔を見ながら、誰かに似ているような気がして……、すぐ思い当たりました。目尻の皺も含めて、八千草薫さんのあの笑顔によく似ています。柔和で、そしてとってもかわいい。「みこちゃん」。みんながそう呼ぶ、その呼び名がよく似合う笑顔です。

「おばちゃんち」の原点と、児童館1号、児童館2号

渡辺さんは、生まれはソウル。戦後引き揚げてきて、三歳から小学校一年までをお化け煙突の見える荒川区で過ごし、小学校一年の冬からは品川で育ちました。大人になって他の地域に住んだ時期もありましたが、今はまた、品川の地でお母さんと一緒に暮らしています。「この道で遊んだんだ。石蹴りしたりしてね……」。ここ旧東海道界隈は渡辺さんが自身の子ども時代を育んだ地でもあるのです。

渡辺さんは、幼児期を過ごした荒川での日々を「児童館第1号との出会い」と言います。まだ戦後の混乱の中にあった小学校は、教室が間に合わず、午前と午後の二部授業をしていました。したがって子どもが遊ぶ時間はたっぷり。放課後の遊び場は家と家の間の空き地です。入り組んだ家並みの空間を結ぶ遊び場は変化に富んでいて、かくれんぼや鬼ごっこにはうってつけです。その遊び場空間の真ん中あたりに駄菓子屋のおばちゃんちがありました。店の奥には日のあたる縁側があって、縁側と店先の間に八畳間がありました。こ

こは雨の日は子どもたちの遊び場となります。そしてここは仲間遊びから外された子どもの逃げ場にもなっていました。おばちゃんは、店の中で子どもたちがしたいようにし、そこにあるものを使いたいように使うことを黙って許してくれていましたが、ずるや盗みは絶対に見逃さない……。

これが、渡辺さんが言うところの「児童館第1号」。そして渡辺さんにとっての「おばちゃんち」の原点です。

渡辺さんが小学校一年で引っ越してきた品川の旧東海道沿いは、それはそれは賑やかだったとのこと。クラスメートには馬蹄を打っている鍛冶屋の息子さんがいたり、芸者置屋の娘さんがいたり。まさにいろいろな人びとの暮らす街でした。

ここで渡辺さんは第二の児童館に出会います。恩賜公園横の品川児童センター（品川区では児童館の呼称として児童センターを使用している）では、当時、子どもたちのために、しばしば映画を上映してくれました。「大事な自分の取り分のお饅頭を、ひもじいおじいさん（実は神様）にあげて月に上っていった兎の話（白黒）。芋虫が蝶になったのも、やはり同様な善行の結果というようなお話（天然色）……」。こうした映画に見入っていた子ども時代の渡辺さん。これが後々の渡辺さんの生き方の素地になっていると言います。

小学校の高学年になると、お母さんはフルタイムで働き出しました。子どもの渡辺さんは、放課後になると、遊び場であるお台場埠頭でハゼ釣りをするおじさんや、草野球を楽しむお兄さんたちからいろいろな学びをしました。また、二軒長屋、三軒長屋の横町で、たくさんのおばちゃんたちのぬくもりに包まれて過ごしました。ご飯を食べさせてもらうこともあれば、世話をやいてもらうことも、おしゃべりを楽しむことも……。渡辺さんには、おばちゃんやおじちゃんとの思い出がたくさんあります。「地域で育った」というのが実感だと渡辺さんは言います。

地域に育てられ、たくさんの「おばちゃん」に育ててもらったという渡辺さんの思いは、その時代を生きてきた多くの子どもたちの思いでもあります。昔どこにもあったそんな人のつながりやぬくもり。それを伝えていきたい。また、自身も「おばちゃん」として役立ちたい。と、渡辺さんの思いはやがてそうした活動への思いへとつながっていきました。

子どもが育つ環境としての「おばちゃん」たち、そして「地域」。人のつながりに支えられる親たちと、みんなの中で育つ子ども。今日の親子の状況を思うとき、渡辺さんの中で、これらのもつ意味が現代の子育ての課題と重なって、新たな意味合いをもって大きくなっていました。

児童館館長さん、「みこおばちゃん」となる

渡辺さんは杉並の学童保育指導員を経て、中野区の児童館に三〇年勤務し、館長さんを務めていました。杉並時代を入れれば三七年の児童館歴です。新人時代に小学生だった子どもも、もう立派なおじさん、おばさんです。この間いかにたくさんの子どもたちと関わってきたかがわかります。子どもとだけでなく、その親たちとも、地域の人たちとも関わり、一緒に喜んだり、心配したり、知恵をしぼったりして、子どもの育ちに寄り添ってきた渡辺さん。その渡辺さんが、定年二年前に児童館を退職したのは、お母さんの介護のためでした。

渡辺さんは在職中から、児童館を退職したら児童館とはちょっと違う形で子どもや大人の心の居場所をつくりたい。と、そんな思いをもっていました。

児童館活動を通して地域における子どものいきいきした生活を応援してきた渡辺さんは、その活動を通して、行政が責任をもつ児童館だからこそできること、その役割を活かせることをいろいろ経験してきました。と同時に、公的なものであるが故に、公務員であるが故に、何かと制約があって、「こんなことができたらいいのに」「ちょっとこの力を借

りたらいいのに」と思っても、なかなか思うにまかせないことがあることも経験してきました。また、児童館は地域の中にあり、地域の親子やそこに暮らす人びとと共にあるものですが、なまじ「館」という立派なハコがあることで、ややもするとハコの中で「待つ」活動となり、地域の人びとの中に入っていって地域から学びつつ地域と力を合わせていくという活動が、弱くなりがちだということも感じてきました。

地域にはいろいろな暮らしをするいろいろな人がいます。すてきな人たちがいっぱいいます。あたたかい思いをもった人、知恵や力をもった人がたくさんいます。児童館活動を通してそれらも実感してきた渡辺さんは、退職したら地域の中で、地域の人たちと共に、そこに暮らす赤ちゃんからおとしよりまで、みんなが心地よく暮らしていけることの応援をする、そうした活動をしたい。そんな思いをずっと抱き、あたためてきました。その底流には、自分の子ども時代の思い出、地域に、そしておばちゃんたちに育ててもらったという思いがありました。

三〇年もの間、毎日、毎日、一日の大半を中野で過ごしてきたわけですから、渡辺さんの人のつながりはほとんどが中野区にありました。一緒に仕事をしてきた同僚たち、地域の子ども関連の仕事をする人たち、児童館であたたかいつながりをつくってきた子どもたちとその親たち、みんな中野の人たちです。ですから、そのような活動のためにＮＰＯを立ち上げるとしたら当然中野で、と考えていました。

ところが、お母さんの介護という事情で、状況は一変しました。介護をするために中野への通勤をやめたのですから、介護をしながら中野に通って活動するなど無理な話です。というわけで、「生活の場である品川で」と、大きく軌道を修正することになるわけですが、そこから先は、次のおばちゃん、幾島さんを紹介しながら続けていきましょう。人のつながりは予測を超えたドラマを生むものです。

品川にいっぱいつながりをもって三〇年

いくちゃんこと幾島博子さんは、ＮＰＯ「おばちゃんち」の事務局長さんです。キャップ帽姿が様になるボーイッシュな「おばちゃん」です。渡辺さんより歳は若く……、ではありますが、もう三〇年、品川で働く区の職員。人事異動で一年前からはすまいるスクール（放課後の全児童対策事業）が職場ですが、それまでの二九年間はずーっと品川区の児童センター職員。児童センターを利用する地域の子どもたち、親たちと、たくさんのつながりをつくってきました。そしてその間に、職場ですてきな人生のパートナーを得、品川の地に暮らすようになり、品川で子育てし……と、仕事でも私生活でも品川に根を張る日々を重ねてきました。

幾島さんは、学生時代に先輩に誘われてアルバイトで行った児童館で、「天職」とも言うべき仕事に出会いました。遊びや文化的活動を通して子どもたちとじっくり関わる。そんな児童館の活動に触れて、「あ、これは私の仕事だ！」。そう思ったということです。以来、児童館へまっしぐら。めでたく品川の児童センターに就職しました。初めのうちは「子どもたちと遊ぶことが児童館職員の仕事」と、ひたすら遊びの充実を追求して頑張ってきました。しかし年月を重ねるうち、「地域の中の黒子として街づくりに参加するというふうに、だんだん仕事のあり方が変わってきた」と、幾島さんは言います。

世の中がじわりじわりと変化してきて、子どもと親をとりまく環境も変わり、だんだん子育てがしにくくなってきました。親たちの子育て不安が増大してきました。そんな中で児童センターの役割も変わってきました。児童センターでも子育て支援事業が行われるようになり、幼児の活動が増えてきました。幼児の活動が増えれば親の児童センター利用も増えるということ。児童センターの職員と親たちとの触れ合いが多くなり、児童センターと地域とのつながりも以前よりずっと濃いものとなってきました。

二九年の間に幾島さんが勤務した児童センターは七カ所。ひとつところに三年もいれば子どもや親とのつながりも深くなります。ひとつの児童センターに出入りする親子は一〇

○組を超えます。したがって品川区の至る所に知った顔ができます。ちょっとその辺を歩いていれば誰かに会います。「あらー、先生、久しぶり」。親からそんな声をかけられるのも珍しいことではありません。

私生活のうえでも、子どもが保育園に行くようになれば保育園の親とのつながりができ、学校に入ればＰＴＡや学童保育クラブの親たちとつながりができます。幾島さんの人とのつながりは自分が暮らす地域でも広がっていきました。子ども劇場にも入っていましたし、お子さんが少年団にも入っていたのでその父母会活動も含めて、いつの間にか地域にたくさんのつながりが生まれていました。

人のつながりは、さらに新しい人のつながりを呼び、新しい何かを生み出すものです。幾島さんは品川のＮＰＯをネットワークする活動をしたいという人たちから呼びかけられ、「ＮＰＯフォーラム品川」の立ち上げに関わることになりました。そんな縁があったことから「ＮＰＯとは何か」を勉強するようになった幾島さんは、一方では公務員として行政サービスの中で人の暮らしを支える活動をしながら、それとは別に、市民が自ら自主的、主体的に行う活動の意味についても深く考えるようになっていました。

違う者同士が運命の出会い

ちょうどそんなとき、幾島さんは姉である幾島幸子さんから「こういうものがあるんだけど、興味ある?」と、三沢直子さんが主宰するコミュニティカウンセリングセンターの勉強会のチラシをもらいました。幾島幸子さんは三沢さん監修のカナダの子育てテキスト「完璧な親なんていない」の翻訳者で、三沢さんとは学生時代からの知人です。勉強熱心な妹の博子さんは、児童センターの親しい仲間である八神さんを誘ってこの勉強会に参加することにしました。

八神さんは幾島さんより一〇歳年下ですが、スポーツも観劇もよく一緒に出かける仲良しです。仲良しというだけでなく、幾島さんは八神さんのことを「尊敬する後輩」と言います。お互いに刺激し合い、高め合う、そんな関係なのでしょう。講演会でも講座でも、「これは行ったら面白そう」と思ったら、幾島さんはたいてい八神さんを誘います。

八神さんはちょうどその頃、仕事のうえでいろいろ思うこと、考えることがありました。児童センターではいろいろな子どもに出会います。学校でうまくいかなくて学校に行けなくなっている子がいました。それまで八神さんは児童センターの仕事を「楽しい」という思いいっぱいで取り組んでいましたが、悩み苦しんでいる子どもを前に、この子の力になれる力量をもっとつけなければという気持ちを強くしていたところでしたから、勉強会への誘いはまさにタイムリーという感じでした。

ということで二人で参加したわけですが、そこに渡辺さんが来ていました。渡辺さんは、幾島さんたちが参加するより前から、この勉強会に参加していたのです。

参加者は一〇人という、お互いが深く知り合える勉強会です。幾島さんが「私たち品川区の職員です」と自己紹介すると、「あら、私も品川よ」。渡辺さんが、人なつっこいまなざしを向けました。「運命の出会い」でした。でも、渡辺さんも幾島さんたちも、この「出会い」が、「おばちゃんち」のドラマの序章になるなどとは、このときはまったく思いもしませんでした。

仲良しの幾島さんと八神さんは、勉強をした後はちょっと飲んで食べて一息入れて……というのがいつものパターンです。この勉強会でも終わってから二人で飲みに行こうとすると、「ねえ、どこに行くの？　私も入れてもらっていい？」。渡辺さんがそこに入ってきました。いいも悪いもありません。と、そんな成り行きで、お酒が大好きな幾島さんたちと下戸の渡辺さんとが連れ立っての、飲んで食べての二次勉強会。これがまた楽しく、内容の濃い勉強会になります。毎回の定番となって、三人はすっかり意気投合。いつの間にかいい関係を育てていました。

三沢さんの勉強会は一クールが一〇回で約一年。幾島さんたちはそれに二回半行ったということですから、二年半ほど三人は一緒に勉強し、かつおしゃべりを楽しんだことになります。

幾島さんは言います。「渡辺さんは勉強会でよく発言するんですよ。聞いていて、この人は館長なのに、子どもたちと実によく関わっているなあと思いましたね」。「目線はあたたかいし、好奇心が旺盛。魅力的な人だなあってね」。

そうこうしているうちに渡辺さんが退職しました。それからいくらもたたないある日のこと、「ちょっと私、やりたいことがあるんだけど、仲間にならない?」。渡辺さんから幾島さんと八神さんにこんな声がかかりました。「おばちゃんち」への最初の一歩です。人の縁というのはおもしろいものです。もしも渡辺さんがこの頃幾島さんや八神さんと出会っていなかったら、品川でNPO活動をするという展開はなかったでしょう。幾島さんたちと出会い、つながったことで、渡辺さんの中で品川「おばちゃんち」のイメージが急速に膨らんでいきました。

渡辺さんは大きな視野と豊かな発想力をもった人です。こんなことをしたいという思いを前々からあたためてきました。でも、思いはあっても品川にはそれを具体化していく基盤がありませんでした。一方、幾島さんたちは品川に実にたくさんのつながりをもっています。長年にわたって培ってきた人と人との関係があります。地域の事情も、行政の姿勢や現状もよく知っています。そんな色合いの違う糸が互いに重なり合い、結び合ったとき、思いもよらないすてきな模様が生み出されるものです。

渡辺さんと幾島さんは性格もまったく違います。渡辺さんはいつもにこやかで人への心配りが細やかな人で、どちらかというとおおらかタイプです。時にはおおらかすぎて大事なことがすっこぬけることがあるとか……。一方幾島さんは事務処理能力抜群。堅実型です。あふれるように出てくる渡辺さんの発想も、見事に交通整理して、具体化への道筋をきちんと見える形にします。ときには状況に照らしてダメ出しもします。そんな違う者同士ですが、子どもへの思い、親への思い、地域で暮らす人びとへの思いはひとつ。だからそれぞれの持ち味を活かし合うことができます。こんなふうにして、「人の縁」が「おばちゃんち」への一歩を後押ししてくれました。

さて、「仲間になって」と呼びかけられた幾島さんたちのその後の話をする前に、もうひとり、おばちゃんを紹介しておきましょう。

バス停で声をかけて仲間になった人

「おばちゃんち」のドラマを語るとき、この人を外しては語れないというのが椎名さんです。彼女は中野にあるキリスト教の私立幼稚園の先生です。

中野の児童館に通勤していた渡辺さんは、毎日大崎までバスで行き、そこから山手線に乗って新宿方面に向かうという、そんなルートで通っていました。朝のバス停でバスを待つ顔ぶれはたいてい毎日同じです。

一五年くらい前のこと。いつも見かける若い女性が二人、いつものようにバス停で一生懸命おしゃべりをしています。話題は保育園のこと、学童保育のこと、子どもたちのこと。どうやら二人は若い働くママ。児童館職員であり、働くママの先輩でもある渡辺さんには大いに気になる話題です。ついつい体を乗り出すようにして聞いてしまいます。それだけでなく、自分も話の中に入りたくて、入りたくて、ムズムズ。でもまったく知らない人です。会話に割り込むわけにはいきません。ある日、とうとう我慢しきれなくなって、渡辺さんはその女性たちに声をかけてしまいました。「あのー、いつもお子さんの話をしていらっしゃるけれど、私、中野で児童館の職員をしているんですよ」とかなんとか……。

そのひとりが椎名さんでした。そしてもうひとりは日本女子大の図書館に勤めている人。椎名さんが言いました。「私、東中野の駅前近くにある幼稚園に勤めているんです」と。「あら、私も東中野よ」。なんと、二人はバスを降りてからも同じ電車に乗って、同じ駅で降りていたのでした。でも、朝の通勤時間というのは一分も惜しいものです。電車では渡辺さんは後ろのほう、椎名さんは前のほうと、自分の出口に近いところに乗っていたので、気づかなかったのでした。

こんな妙な形で知り合った椎名さんと渡辺さん。同じ電車に乗っていることがわかってからも、最初のうちは電車のそれぞれの定位置に乗っていましたが、そのうちバスでのおしゃべりの続きを電車ですることも増えていきました。

公務員である渡辺さんには異動があります。赴任先によっては通勤ルートも通勤所要時間も変わるので、二年くらいぱったり会わなくなったということもありましたが、渡辺さんが最後に館長を務めた城山ふれあいの家、愛称さくら館は、椎名さんの幼稚園のすぐ近くでした。二人の関係は一段と深まりました。

職場が近いということは、椎名さんの幼稚園の親子が渡辺さんの児童館を利用するということ。卒園児も児童館の利用者です。地域の子どもたちの健やかな育ちに寄り添っていくという共通のテーマをもって、二人は話すことも考え合うことも今まで以上に多くなりました。さくら館には高齢者施設も併設していたことから、椎名さんの幼稚園の子どもたちがさくら館に来てお年寄りたちに歌や踊りを披露するなど、そんな交流企画も二人で連携していろいろ取り組みました。

渡辺さんと椎名さんは家もごくごく近所でした。しかし、この間の付き合いは、もっぱら職場が中心で、休日に家の近くのスーパーでばったり出会って立ち話でおしゃべりすることはあっても、その話題も自分たちが関わっている子どもや親のこと。二人ともまるで中野の人でした。

なんてすてきなクリスマスプレゼントなんでしょう

渡辺さんが仕事を辞め、前々から考えていた活動を、中野ではなく生活の場である品川で、NPOの形で展開しようと決意を固めたその日のことです。NPOを設立するためには思いを共にする理事を一〇人集める必要があります。でもその人数が揃わない。誰か仲間になってくれる人はいないだろうか……。最初の関門です。さあ、どう突破しようか。頭の中で思考をめぐらせながら渡辺さんは電車を降り、暗い道を難しい顔で家に向かっていました。そして家の近くまで来たとき、スーパーの買いもの帰りの椎名さんとばったり出会いました。

椎名さんの顔を見て、渡辺さんの顔が輝きました。そうだ。椎名さんだ。「私ね、中野区を辞めたの。それでね、この地域で子育てのNPOをやろうと思うんだけど、手伝ってくれない」。買いものの袋を下げた椎名さんにいきなり理事のお願いです。そう言われた椎名さん。びっくりしながら、でもすぐに渡辺さんの思いを理解しました。なにしろ一五年の付き合いですから。

椎名さんには子どもが三人います。それぞれもう立派に成長していますが、みんな北品川の保育園育ちです。椎名さんは「自分の園の保育がとっても好き」と言います。だから仕事を続けたいと思い、続けてきました。地域に安心できる保育園があり、隣りに住む実家のお母さんが何かと助けてくれ、職場も理解があって、好きな仕事を続けてこられたと、しみじみ椎名さんは語ります。子どもは地域の保育園で充実の一日を過ごし、椎名さんも保育園の先生や実家のお母さんに支えられ、日々の生活を大事にしながら子どもたちの成長をいつくしんできました。我が子の育ちをこうしてあたたかく見守ってくれた地域や地域の人びとには、言葉では表現できないような感謝の気持ちを抱いています。

子どもが成長し、自分も保育の経験を積んで、職場では副園長という立場になった今、自分の子どもが育った品川で、何かできたらいいなあ、お返しのようなことができたらいいなあと、実は椎名さんも漠然と思っていました。でも仕事はフルタイムだし、日常は忙しい。思いを抱きながらも具体的な形にならないままに二〜三年を過ごしていました。

そんなところに具体化への一歩を踏み出す渡辺さんから声がかかったのですから、まさに「声をかけてくれてありがとう」という気持ちです。この日はちょうどクリスマスイブ。椎名さんの幼稚園は教会の付属。そして椎名さんはクリスチャンです。その椎名さんが言いました。「私もそういうことしたいと思ってたの。これはすてきなクリスマスプレゼントだわ」と。渡辺さんにとっても椎名さんからのこの共感の気持ちと快諾はすばらしいクリスマスプレゼント。つい少し前までの厳しい顔つきとはうってかわって満面の笑み。渡辺さんにも、最高にハッピーなクリスマスイブとなりました。偶然の出会い。これはクリスマスの夜の、ちょっぴり遊び心もある神様の計らいでしょうか。それとも二人の思いが互いに引き合ったのでしょうか。この話は今も「おばちゃんち」の人びとの間で語り草になっています。

日曜日に集まった夢いっぱいの八人衆

二〇〇二年五月。初夏の気持ちよい日曜日の昼間、渡辺さんの家に幾島さん、八神さんなど八人が集まりました。渡辺さんの中野時代の仲間もいます。いよいよ「おばちゃんち」始動です。みんなそれぞれに夢をもってこの集まりに参加しました。でも夢は漠然としたものです。まずは自己紹介から始まり、お互いを理解しあいながら、どのようなものをつくっていきたいのか、ワークショップのような形で出し合い、練り上げていく……。渡辺さんを中心に、そんな形で土台づくりの作業が始まりました。何回か集まり、それを積み重ね、積み重ねしながら、だんだんとイメージを立体化させていく作業です。「おばちゃんち」のコンセプトや具体的活動が次第に鮮明になってきました。

「おばちゃんち」という名前が渡辺さんから出てきたのもこの中でのことでした。その言葉のもつ「味わい」から地域における「おばちゃん」や「おばちゃんち」の意味。そんなことを語りあい、深めていきました。なぜ今、「おばちゃんち」が求められているのか。今求められるみんなの居場所（おばちゃんち）はどのようなところなのか。「おばちゃんち」のスタッフはどんな力量や資質が必要なのか……等々。

「一〇〇人、おばちゃんがみつかるといいね」という話もここで出てきました。「これは、私が言ったような気がする」と幾島さん。集まりの回を重ねながら、みんなの思いは次第、次第に、具体的なＮＰＯ「おばちゃんち」の形へとかたまっていきました。

こうして二〇〇二年の九月には設立総会。二〇〇三年三月にはＮＰＯ法人の申請が受理され、五月にはＮＰＯ法人「ふれあいの家—おばちゃんち」として、はじめての定期総会をもちました。最初の話し合いから一年。品川にＮＰＯの「おばちゃんち」が誕生したのです。

チャイルドライン支援センターで出会って

さて、ここでもうひとり、この最初の日曜日からのメンバーであるおばちゃんを紹介しておきます。徳江さんです。

徳江さんは「しながわチャイルドライン」設立の中心的人物です。二〇〇八年三月までその代表を務め、現在は事務局長。と言うと、なんとなく組織活動にたけた人を思い浮かべますが、会ってみると穏やかで控えめで、いつもやわらかな笑みをたたえた普通のお母さんという印象。子どもにとっては隣りのやさしいおばさん。そんな雰囲気の徳江さんです。

実際、徳江さんはもともとはごくごく普通のお母さんだったようです。子どもは三人。多くのお母さんがそうであるように、子どもが小さいときには子どもと一緒に児童センターに行き、子どもが学校に入ったらＰＴＡもちょこっとやり……。と、まさに普通のお母さんが歩む道を歩んできました。つまり組織運営などまったく縁がなかった人です。

お母さんの中には地域の公的施設が主催する講座に参加する人も少なくありませんが、徳江さんもまた、品川区の生涯学習課が主催している教育関係の講座に、区民のひとりとして企画運営に関わる形で参加、受講しました。講座が終了すると社会教育の意図するところに基づいて、主催者はたいてい自主グループをつくることを勧めます。徳江さんの受講した講座でも、そんな形で一言会というグループが生まれました。そしてその活動を続けているなかで、自分たちで何かやろうというような気運が大きくなっていったようです。

ちょうどその頃、世田谷でチャイルドラインが始まって、世間ではチャイルドラインへの関心が高まっていました。品川にもチャイルドラインがあったらいいなあ。そのためには何が必要なのかなあ。そんな素朴な思いから、徳江さんたちは勉強会を重ね、コツコツとチャイルドラインへの理解を深める活動を続けていきました。でも設立するためにはどうすればよいのか、運営はどのように行うのがよいのか、組織活動の経験などまったくない徳江さんたちにはさっぱりわかりません。

お隣りの港区の六本木に、「チャイルドライン支援センター」というＮＰＯ組織があり、ここがチャイルドラインを全国に広めていく活動をしていることを知り、徳江さんはここを訪れては指導してもらったり、相談にのってもらったり、また、ちょうど始まろうとしていた「めぐろチャイルドライン」に参加させてもらったり……。支援センターの力を借りながら、一歩、一歩と歩みをすすめていきました。何回か支援センターを訪れるうち、徳江さんはそこで渡辺さんに出会いました。渡辺さんはチャイルドライン支援センターの理事でもあるのです。

代表はたろう君のお母さん？

渡辺さんと徳江さんがこんなふうに出会ったほぼ同時期に、幾島さんと八神さんも渡辺さんと出会っていました。子どもたちのために何かしたいという思いを抱く人と人とのつながりあいの妙でしょうか。出会い、触れ合い、お互いの糸を重ね合ってひとつの模様を編み、さらに大きな新しい模様を編み上げていく。そんな躍動が、それぞれが気づかないところで始まっていました。また、渡辺さんはその頃はまだ「私は中野のことしか知らない人」と思っていたわけですが、品川に足場をおく人びととつながり、思いを響き合わせることを通して品川子ども事情についての理解も深めていました。

人の縁はおもしろいもの、とは前にも述べました。実は幾島さんと徳江さんとは、ずっと前からの知り合いでした。徳江さんのお子さんが小さかった頃、徳江さんは児童センターの幼児クラブに親子で参加していました。そこの児童センターには職員として幾島さんがいました。つまり幾島さんは「たろう君のお母さん」として徳江さんをよく知っていたのです。

さて、「しながわチャイルドライン」の話の続きですが、チャイルドライン支援センターのアドバイスを受けながら、徳江さんたちはついに品川にチャイルドラインを立ち上げました。設立した最初の頃は子どもの日のキャンペーンに合わせてとか、品川で独自に三日間というように、イベント的な活動でしたが、ひとつひとつ経験を積みながら着実に前進させ、今では常設の電話相談として確立しています。毎週一回、金曜日の一九時から二一時半に相談を実施。子どもたちの心の拠りどころとなるとともに、相談電話の受け手の養成や宿泊研修も行っています。普通のお母さんはほんとうにすばらしい力をもっていました。

あの「たろう君のお母さん」が「チャイルドライン」の活動を始めたということを知って、幾島さんも受け手の養成講座が始まると、さっそく八神さんと一緒に第一期生として参加しました。地域で子どもに関わる仕事をしている幾島さんにとって、品川に「チャイルドライン」ができたということは心強いことであり、しかもその中心になっているのが

「たろう君のお母さん」というのですから、感慨もひとしおです。

そんな形で幾島さんも「チャイルドライン」に関わりをもつようになったわけですが、そのことを渡辺さんに話したら、なんと渡辺さんも徳江さんを知っていると言うではありませんか。そして当然のごとく、「おばちゃんち」の発足には徳江さんも加わることとなったという次第です。色合いの違う糸は、またもうひとつ重なり合い、さらに新しい模様を描き始めていました。

渡辺さんも幾島さんも八神さんも椎名さんも徳江さんも、それぞれ見事にまったく異なる個性の持ち主です。でもこれが「おばちゃんち」の基本型なのです。つまり、いろいろな人がいて、いろいろな持ち味をもっていて、その持ち味を一人ひとりが気持ちよくのびのびと活かす。それが「おばちゃんち」なのです。

さて、こうして始まった「おばちゃんち」は、NPOとして発足すると同時に、つどいの場「ホットほっとHOT」などの具体的な活動を開始しました。それら「おばちゃんち」の活動や、「おばちゃんち」に関連する活動は、一人ひとりの「おばちゃん」の姿と合わせて逐次紹介していくことにします。個性も、雰囲気も、その個人史も、のめり込むテーマも、それぞれに違う「おばちゃん」たち。その「おばちゃん」たちを通して、「おばちゃんち」がどのようなところなのか、どんな風を街にそよがせているのか……、その風を一緒に感じながら見ていくことにしましょう。

子どもも親もホットほっとHOT

二〇〇三年四月の第三日曜日。北品川児童センターで、「ホットほっとＨＯＴ」が始まりました。赤ちゃんもお母さんも、若者も、おばちゃんも、みんなが集う場です。お母さんにホッとしてもらおう、人との触れ合いの中で心もホットなひとときをすごしてもらおう、子どもたちにはいろいろな世代の大人たちと触れあい、楽しい時間をもって、心を豊かに育む場にしてもらおうというつどいです。みんなの心地よい居場所。それが「ホットほっとＨＯＴ」。毎月第三日曜日のこのホットなつどいが、この日からスタートしました。

一一時頃から親子がやってきます。児童センターにはキッチンがあるので、簡単な調理はできます。みんなでなんとなくお昼の支度が始まります。みんなでつくったサンドイッチをみんなで食べると、お腹も心も心地よくなり、食後は室内でゆったりと遊びます。二時になると、幾島さんや八神さんと若いお兄さんやお姉さんのスタッフ（ヤングスタッフ）は、子どもたちを連れて公園に外遊びに出かけます。公園では花いちもんめをしたり、鬼ごっこをしたり、夏は水遊びもします。ヤングスタッフには一〇代も二〇代もいます。

子どもたちは一緒にお昼を食べて一緒に遊んで……と、スタッフとずっと一緒に過ごした後ですから、安心して一緒に出かけます。外で駆け回れる幼児だけでなく、まだ歩けない赤ちゃんも抱っこで出かけます。二回、三回と参加してようすがわかってくると、大きい子は早く出かけたくてお兄さんのところに催促に来たりします。お気に入りのお兄さん、お気に入りのお姉さんと一緒に手をつないで行ける。一緒に遊べる。そんな日常とはちょっと違う体験への期待で、子どもたちはウキウキ、ワクワク気分で出かけます。

お母さんたちはというと、日頃はもちたくてももてない「子どもがお母さんと離れる時間」をスタッフからプレゼントしてもらい、このひとときをいつくしんでいます。そして渡辺さんや、後で紹介する島村さんや矢内さんなどの熟年スタッフは、児童センターに残って、そんなお母さんたちと一緒にストレッチを楽しみながらゆったりと過ごします。自分たちもちょっと体と心をほぐしながら……。

でも、別に最初からこんなふうにしようということで意図してスタッフを揃えたわけで

ほっとホットHOT
お気に入りのお兄さんもできて

はなく、また、こういうプログラムでいこうと、最初からきっちり企画をしたわけでもなく、声をかけて集まった人たちの顔ぶれの中で、自然にこんな形になった、いや気がついたらそうなっていたというのが事実のようです。つまりこれが「おばちゃんち」なのです。いろいろな人が集まって、それぞれの持ち味を出すことで形ができてくる。だから、何が生まれてくるかわからないおもしろさがあって楽しいのです。ゆったり、のんびり、自然に、という心地よさと、ワクワクする楽しさ、生きるってこういうこと？　という、そんな両方が「おばちゃんち」には同居しているのです。

さて、ヤングスタッフや熟年スタッフの一人ひとりの話はまた後で、ということにして、ここでは、居残り組のストレッチの先生としてやってくる片山さんの話をしましょう。毎回、午後二時に来て、五〇分間、お母さんたちにストレッチを指導してくれる背筋がしゃきっと伸びた「おばちゃん」です。

ホットほっとＨＯＴ
片山さんの指導でストレッチ

ダンスで街に平和の種を蒔く人

片山さんは、モダンダンス教室「モダンダンスカンパニー　シーガル」を主宰するダンスの先生です。ダンス教室と言えば、それなりのスペースの「教室」を構え、看板を掲げているというのが一般的ですが、片山さんの場合は、建物としての教室はもたず、公共施設を利用して教室を開催しているという、ちょっとユニークなスタイルです。そういうスタイルにも関わらず生徒が大変多く、地元ではよく知られた存在です。

幾島さんが東品川児童センターに勤務していたとき、児童センターに片山さんがダンスの指導に来ていました。親たちからの信頼も厚く、地元にこういう先生がいらっしゃるんだったら……と、幾島さんはお母さんと子どもたちへの親子体操の指導をお願いしました。そして実際にお願いしてみて、幾島さんは片山さんにすっかり惚れ込んでしまいました。幾島さんが異動で他の児童センターに移ると、そこでもまたお願いする。親子体操だけでなく、小学生や中学生にも指導してもらう。幾島さんの同僚である他の職員も児童センターでの片山さんの活動を見て、「これはいい」と、異動先でお願いする。……と、そんな形で、片山さんと品川の子どもたち、親たちとは、ダンスを通して関係をますます深いものにしていきました。

幾島さんが片山さんに惚れ込んだのは、「片山さんの人を育てる観点のすばらしさ」だと言います。中学生、高校生くらいになると、児童センターに来る子の中にもちょっと道を外れたり迷ったりする子もいます。そういう子どもたちをダンスを通していねいにサポートして、彼らが小さい子どもたちを指導する役割が担えるように援助していく。つまり、ダンスを教えながら、同時に「人を育てている」。片山さんはそんな人なのだと言うのです。

片山さんは元は中学校の保健体育の先生でした。子どもができて、ぜひとも母乳で育てたかったということで退職したのだそうですが、教師時代も、子育て時代も、ずっとダンスからは離れたことはありません。ダンスと共に人生を歩んできた半生です。

片山さんがダンスを始めたきっかけは、幼い頃通っていた幼稚園のバレエ教室でした。幼稚園の保育が終わった後に行われているこの教室のようすを見ながら、幼い日の片山さんはいつも目を輝かせていました。私もやりたい。どうしても入りたい。でも、時代は終戦まもない頃。日本中が貧しかった頃のことです。片山さんの家庭も子どもにお稽古ごとをさせるような余裕はありませんでした。そんなとき、幼い片山さんの気持ちを察したおばあさんがこんな言葉で助け船を出してくれました。「月謝は私が出すよ。どうせ長続きはしないだろうから」。こうして片山さんのダンス人生がスタートしました。

そして長続きも長続き。今もすてきにダンス人生を生きて、ダンスを通して、また、ダンスと共にある自分のあり方を通して、地域の子どもたちにも親たちにも、いろいろなことを語りかけています。地域に暮らすことや地域に育つこと、生きること。それらをダンス人生を通して問いかけ、また伝えているように思われます。

片山さんがダンスを通して子どもたちとずっと関わりをもってきたその根底には、幼児期に自分がダンスに出会うことができた、そのことへの深い思いがあるようです。「あの当時の日本は、今のイラクみたいなもので、荒廃していました。戦争で街が焼け野原になっただけでなく、人びとの心もすさんでいました。それで、当時の芸術家とか文化人とか、私の恩師を含めた舞踊家が、そういう日本を救うのは、そして平和な国にするのは、やはり文化とか芸術だということで、あちこちに種をまいてくださった。たまたま私の幼稚園にもその種をまいてくださったんです」。

こうして終戦後に蒔かれた文化の種は、今、片山さんを通して次の世代であるお母さんや子どもたちの上でたくさん花を咲かせ、また、たくさんの次の種となっていろいろなところで蒔かれています。ダンスを通して人が育ち、平和な社会への思いが共にされる。そんな人の思いをつないでいる片山さんです。

だからでしょう。片山さんのダンスには人への思い、万物へのやさしさが込められています。「手を上げたり降ろしたりするときもね、空気の中には空気の赤ちゃんがいるから、降ろすとき、あ、ごめんね、ごめんねという気持ちで降ろすのと、シャッと上げてシャッと降ろすのとでは違うでしょ。上手にできちゃう子は苦労がなくできちゃうから、そういうことを考えるまもないけれど、できない子はそこに思いを置きながら上げたり下げたりしているので、見ていると踊りに味があるんですね。そこの意味、それは人間が生きること、生活することにも通じるんだよと、そういうことが教えられればいいかなと思うんです」。上手く踊れることを求めるのではなく、その過程での学びを大切にする先生です。

私の代わりに母をよろしく

クリスマスイブに渡辺さんと劇的に出会って、「私もやりたかったの」と言った椎名さんですが、いざ「おばちゃんち」が動き出す段になってみると、動けません。ウイークデイは毎日幼稚園の勤務があるし、教会の幼稚園なので日曜日も出かけることが多く、現実問題として、とてもとても無理。

そこで、椎名さん、ダイナミックな発想転換をしました。自分の代わりに自分のお母さんである島村さんを送り出すことにしたのです。島村さんは椎名さんが三人の子どもを育てる時期には、働くお母さんである椎名さんを支えて、二人三脚のような育児協力をしてきました。「保育園の送迎は一四年したんですよ。運動会なんか、あ、また、あの二人来ているというように、一緒に一五回行きましたもんね」という人です。腕はまだなまっていません。「娘は幼児教育の専門家だし、私は子育てだけでなく孫育てもずっとやってきましたからね。娘と『何かやりたいね』って、いつも言っていたんですよ」と、思いも椎名さんと同じです。

島村さんは、今年七七歳。区が主催するシルバー対象の教室を実に見事に活用して、めいっぱい学びを楽しんでいるすてきな「おばちゃん」です。これまで取り組んだのは社交ダンスにフラダンス、体操に、お習字に、水墨画に、俳句……。趣味はまことに多彩です。どれも一〇年以上のキャリアがあります。今、教室に通っているのはフラダンス。ちなみに先生は八〇歳だそうです。

こうして椎名さんに代わって「おばちゃん」デビューした島村さん。その島村さんの活躍の舞台は「ホットほっとＨＯＴ」と「みこちゃんち」です。「みこちゃんち」とは、みこおばちゃんの家、つまり渡辺さんの家です。渡辺さんは、今は介護の都合もあって実家で暮らしていますが、いずれは自分が住む予定で大崎にマンションをもっています。「おばちゃんち」がスタートして一年後の二〇〇四年五月、JR大崎駅に近いそのマンションの自宅を週一回開放して、この地域の親子のつどいの場としたのです。トコトコ走り回りたい二歳児やちょっと冒険もしたい少し大きな子には、児童センターやお兄ちゃんたちと連れだって出かける公園がうれしいものですが、小さな赤ちゃんや歩き始めの子には、普通のおうちのこぢんまりしたスペースが快いのです。

「みこちゃんち」は二部屋あります。片方の部屋でスタッフが子どもたちと遊んでいると、お隣の部屋でお母さんたちがおしゃべりをする。見えているけれど離れている。一緒にいるけれどゆったりと大人同士の会話ができる。そんな距離感、関わりが、お母さんにはうれしいもの。

島村さんは、「ホットほっとHOT」でも、「みこちゃんち」でも、大活躍です。子育て、孫育てのキャリアをもつ島村さんの赤ちゃん扱いは見事なものです。中でも赤ちゃんを寝かしつけるのは島村さんが得意とするところです。お母さんは安心してお母さん同士のおしゃべりを楽しむことができます。

「ホットほっとHOT」のランチはサンドイッチでしたが、「みこちゃんち」では、お昼になるとうどんをゆでてみんなで食べるというのが、いつのまにか恒例のようになっていました。台所で湯気がほかほかあがり、いい匂いが漂う。「うちへ帰ってもご飯つくるんでしょ。だったらここでうどん食べてけば」と言ってくれる親戚のおばちゃんか、実家のお母さんのようで、現役お母さんにとってはこれがたまらなくうれしいのです。

「みこちゃんち」にやってきた若いお母さんたちは、みんな島村さんが大好きになります。目を細めて孫のように赤ちゃんをかわいがってくれますし、お母さんにはたっぷり息抜きをさせてくれる。こんなやさしさで包みこんでくれる「おばちゃん」が身近にいることを知って、お母さんたちは地域と共にある自分や子どもを実感します。

でも島村さんは元気とはいっても七〇代です。やっぱり赤ちゃんを抱っこしたりおろしたりは、足腰に負担になります。いつしか足の痛みを感じるようになっていました。万一事故でも起こしたらいけない、迷惑をかけるようなことになる前に……と、島村さんは身を引く決意をしました。「じゃあみんなでお汁粉でお別れパーティーをしましょうよね」ということになったのですが、「辞める」と言ったときの島村さんのさみしそうな表情が、渡辺さんの脳裏には残像のようにいつまでも残っていて消えません。

お別れパーティーを予定していた日の数日前、目黒のボランティアセンターに行った渡辺さんは、そこで子育て支援活動をしている九六歳のおばあちゃんに出会いました。その横では八〇代のおばあちゃんも、保育サポーターとしていきいき活動しています。そして若い人たちは高齢の二人が無理なく保育活動ができるようにと、それを支える役割を担っています。それを見て、渡辺さんの頭の中にモヤモヤしていた霧がすーっと晴れていきました。

お別れパーティーのその日、「ねえ、島村さん、椅子を買ってあげるから、辞めるなんて言わないで」。渡辺さんの思いのいっぱいこもったその言葉に、島村さんの決意は、最初とは違う決意へと変わっていきました。よーし、いったんは引くけれど、足腰を鍛えて早く戻ってこよう……と。かくしてお別れパーティーは、ただの賑やかなお汁粉パーティーとなり、島村さんの物語は続編へと続くことになりました。どうやら「おばちゃん」には、定年というものがないようです。

私はこんなことがやりたかったの

島村さんや渡辺さんと共に「ホットほっとＨＯＴ」の熟年スタッフを引き受けていた「おばちゃん」に矢内さんがいます。矢内さんは、品川の公立保育園で長年保育に携わってきたベテラン保育士さんです。

その矢内さんが「おばちゃんち」と出会ったのは、保育園を退職してから後のことでした。お母さんの健康の事情で定年を待たずに退職した矢内さんは、これで子どもとの関わりはもう終わったかなと思っていたそうです。お茶とお花をずっと続けてきたので、これからはその道で自分を活かしていこうかとも考えていたとのこと。

ところがたまたま品川の児童センターの相談員の仕事をしていた保育園時代の先輩が、急にその仕事を辞めることになって、矢内さんに声がかかりました。非常勤で週四回の勤務です。子どもの仕事を離れることにどこかさみしさも感じていた矢内さんは、その程度なら……と引き受け、再び品川の子どもとの関わりをもつことになりました。

児童センターの幼児クラブに来るお母さんたちの相談にのるというこの仕事を始めてみて、矢内さんは、地域には子育ての悩みや喜びを誰かと共にしたい人たちがこんなにもたくさんいるんだ、と思いを新たにすると共に、一人ひとりのお母さんの心の内にある思いの深さや苦しさも肌に痛いほどに感じていました。それは「おばちゃんち」が手探りでその活動を始めた、ちょうどその頃のことです。

矢内さんが相談員の仕事をする児童センターには、幾島さんが勤務していました。幾島さんはその頃、児童センターの仕事として、高校生や大学生を対象とする「こんにちは赤ちゃん」という講座企画を組んでいました。さて講師はどなたにお願いしようかなと思ったとき、同じ児童センターで親と子に心を寄せ、力になっている矢内さんに、幾島さんが目を留めないわけがありません。さっそく矢内さんにお願いしました。そしてこの講座で同じく講師を依頼されたのが渡辺さんです。講師同士として初めて矢内さんと会った渡辺さんは、その人柄にも、親や子どもへのまなざしにも信頼と共感を覚え、まさに「いい仲間、見っけ」の心持ちでした。

ほんとうに「いい人見っけ」だったのですが、ほどなく矢内さんはお母さんの病状が芳しくないということで相談員の仕事も退いてしまいました。でも、看病に専念するために仕事を辞めたのに、それからわずか四カ月でお母さんは亡くなってしまい、矢内さんは目標も心の支えも突然失ってしまったような気持ちで過ごしていました。

そんな日々の中、矢内さんは品川の児童センターで感じていた地域のお母さんたちの状況をふっと思い起こしました。自分が住む地域で何かお母さんたちの力になれるかもしれない……と。親子が集まる近所のコミュニティーセンターにも行ってみました。でもこれまでの人生の大半は仕事の場である品川で過ごしてきましたから、居住地域とのつながりはほとんどありません。せっかくの力が充分に発揮できず、歯がゆい思いをしていました。

そこに渡辺さんから「ホットほっとＨＯＴ」を一緒にやりませんかと、お誘いの声がかかったのです。その頃矢内さんは、お茶の先生からは「弟子をとって手ほどきをしなさい」と言われていたのですが、退職後に経験したさまざまなことを通して、そうだ、やっぱり私は子どもに関わることがしたかったんだと、改めて自分のその気持ちにも気づき始めていました。というわけで、渡辺さんの呼びかけのほうに応じ、再び、いや三度目の品川での親子のための力発揮となったのです。

「ホットほっとＨＯＴ」を開催している北品川児童センターは、矢内さんが長く勤務していた保育園の近所です。人のつながり、地の心得があって、ここはやりたいことが思う存分にできる地域環境でもあったのです。こうして「ホットほっとＨＯＴ」に熟年スタッフがまたひとり誕生しました。

矢内さんが「おばちゃんち」の仲間入りをしたこの頃、「おばちゃんち」はもう一つの計画をもっていました。渡辺さんの自宅を開放して、「みこちゃんち」を開設しようという計画です。これはまさに矢内さんが「こんなものがやれたらいいなあ」と思い描いていたイメージそのもの。それが実現できるとあって、矢内さんは大喜び。準備の段階から渡辺さんと一緒に取り組みました。そこでくつろぐお母さんと赤ちゃんを想像しながら、おもちゃもひとつひとつ手作りしました。

いよいよ「みこちゃんち」が開設に至ると、今度は渡辺さん、島村さんと共にスタッフとして活躍。親子がいい時間を過ごせるようにと、前日から準備を整えるという思いの入れようです。

矢内さんは保育のベテランの力量を発揮してお母さんたちのよき相談相手、島村さんは街の「おばちゃん」の味をたっぷり出して……。他の保育サポーターの「おばちゃん」たちも含め、それぞれに個性も得意とするところも違う「おばちゃん」たちが、それぞれの持ち味を生かしながら一緒に「みこちゃんち」のアットホームなひとときをつくっていきました。

そうそう。「みこちゃんち」には、「おばちゃん」だけでなく、ボランティア学生たちも参加していました。立正大学の児童福祉研究会の学生たちです。「こんにちは赤ちゃん」の講座が縁で、「みこちゃんち」にボランティアとして来るようになったのです。

それぞれの「おばちゃん」たちもこの研究会の若い彼女たちも、つい三年ほど前まではお互いまったく知らない同士です。人のつながりは、ほんとうに不思議でおもしろいもの。知らない同士だった人たちが、こんなふうに力を合わせているのですから。

「人」はつながることで、「人」らしくなる

人がつながり、思いがつながり、「ホットほっとＨＯＴ」が生まれ、「みこちゃんち」が生まれ、街の中にひとつ、またひとつと、心地よい親子の居場所ができていきました。

街の中には、あちらにも、こちらにも、ちょっと向こうにも、もう少し向こうにも、「思

い」をもった人が、たくさん暮らしています。渡辺さんと椎名さんがそうであったように、ほんの何軒か先にそんな人が住んでいるかもしれません。渡辺さんと幾島さんたちが出会ったように、どこかで出会う機会があるかもしれません。ひと声かけて一緒にお茶を飲んだら、お互いの思いが結び合い、何かが始まるかもしれません。

「力になれたらいいな」「何かできたらうれしいな」という誰もが素朴な形で心の中にもっている「おばちゃんごころ」。人がつながり合うことで、それを具体的な形にしていくことができるということを、品川の「おばちゃんち」の成り立ちは、おもしろいように見せてくれます。

街の中にはいろいろな人たちが暮らしています。だからこそ、その人たちがつながり合い、それぞれの糸を絡ませあったとき、予測をはるかに超えたおもしろい絵模様が生み出されていく。そんなダイナミズムを「おばちゃんち」の歩みはいきいきと見せてくれています。そしてまた、その街に暮らしている人たち、その街に縁をもった人たちがつながり合って描く絵だからこそ、その街やそこに暮らす人の匂いが感じられる、その街によく似合う絵模様を描いていくものだということを、「おばちゃんち」はひとつひとつのドラマを通して実感させてくれます。

人と人をつなぎ、思いをつなぎ、一緒に思いを形にしていく。そんな「おばちゃん」の動きと共に吹くさわやかな風が、「人のつながりのある街、そんな街がいいなあ」と、思わせてくれます。

人は、高い社会性をもった生き物だと言われます。からだも決して大きくない、強い力も鋭い牙ももっていない人類が、地球の長い歴史の中で生き残ってきたのは、この社会性のおかげだそうです。弱い存在だから、人はつながりあい、集団をつくり、互いに知恵や力を寄せ合い、助け合うという生き方を選び、そのことによって今日までの人類の長い歴史を紡ぎ続けることができたのだということです。

しかしながら、街の姿が変わり、家族の形が変わり、物もサービスもお金さえあれば何でも簡単に手に入るというように社会の姿が変じていくにつれ、力のある強い者こそ豊かな人間生活が送れるかのような錯覚が人びとを包み、人が人であることの証である「人のつながり」は、過去の時代に置いてきてしまったかのように希薄化し、心もとないものとなってきています。

そんな今日という時代社会の下で、人と人がつながることとは、希薄化しただけでなく、むずかしさをも増しているように見えます。しかし、実はみんな「人とつながりたい」という人としての思いを胸の奥底にもってます。いや、むしろ、つながれないからこそ、心の奥底でつながることを切望しているといったほうが正確でしょう。「誰かと心を共にしたい」「誰かの力になれたらいいな」「他の人と一緒に何かができたらいいな」と、そんな思いを皆、胸の内に秘めており、その思いを誰かと響きあわせたいと、その機会を漠然とながら探し求めているという気がします。

品川の「おばちゃんち」の成り立ちの物語は、今の時代に、そんな人間らしさが見事に生きていることを見せてくれています。人はやっぱり「つながりたい」生き物です。ちょっとしたきっかけさえあれば、人はつながり、思いをつなげ、知恵や力を合わせて自分たちも周辺もあったかくしようとする。それがたとえ面倒なことであっても、わざわざそれをしようとする。そのことを喜びとする存在。そんな「人」のすてきさを改めて実感する「おばちゃんち」の成り立ちの物語です。

第2章

「子ども」「子育て」でつながるおばちゃんたち

「ほっぺ」と「えくぼ」はママの微笑み

「ホットほっとＨＯＴ」も「みこちゃんち」も、それぞれに親子の居場所として、人のつながりの場として、だんだんとそれぞれらしさが鮮明になってきた頃、また、そこに集う人たちもそれぞれに自分らしいあり方を模索し、さまざまに活動を展開しだした頃、「おばちゃんち」にもうひとつの話が飛び込んできました。品川区からの一時保育（その内容としては、短時間就労のための保育と、理由を問わない一時預かり）の委託の話です。

保育需要が拡大し、品川の認可保育園は常に満杯状態です。週三日だけとか、毎日三時間だけというような働き方をするお母さんも増えていますが、認可保育園はそうした保育ニーズには対応できないのが現状です。また、核家族家庭で在宅子育てをするお母さんたちの保育ニーズも拡大しています。冠婚葬祭や通院などの事情だけでなく、育児ストレスが大きい日々の中で、お母さんたちがホッと一息ついて自分を取り戻したり元気になるための保育も必要となってきました。そんな状況を踏まえて行政が委託事業の形で一時保育を行うについて、実績をもとに「おばちゃんち」に白羽の矢を立てたというわけです。「ホットほっとＨＯＴ」や「みこちゃんち」の活動は、新聞やテレビでも報道され、品川区も注目するようになっていました。

こうして「おばちゃんち」が誕生して三年が過ぎた二〇〇六年の秋、区の委託を受けて、「あずかり保育　ほっぺ」が開設されることになるわけですが、それより前、二〇〇五年から、「おばちゃんち」では保育サポーター養成講座を開講し、養成講座修了者による保育サポーター派遣システム「えくぼ」が動き出していました。

保育サポーター養成講座は、シニアの部とヤングの部があり、いずれも全一〇回の講座です。前半の五回はヤングとシニアはそれぞれ別の講座内容です。子育て経験者が大多数であるシニアの部と、自身が子ども心の持ち主でもある一方、赤ちゃんには触ったことがないという、一〇代、二〇代を対象とするヤングの部とでは、学ぶべき内容にも違いがあるからです。そして後半の五回はシニアとヤングが一緒に受講するという形で、うち二回は、「みこちゃんち」と「ホットほっとＨＯＴ」での実習が組まれています。

養成講座の全課程を修了し、認定を受けると、受講者たちは認定保育サポーターとなり、有償ボランティアとして「おばちゃん

ワークショップも盛り込んだサポーター養成講座

ち」の保育活動に参加します。お母さんたちがさまざまな講座を受講するときや自主活動にとりくむとき、保育サポーターはその会場に出向いて保育をします。保育サポーターの「おばちゃん」たちが保育をしてくれているから、「お兄さん」「お姉さん」サポーターが子どもを見ていてくれるから、お母さんたちは安心して話し合ったり、学んだり、行動したりができます。そのシステムが「えくぼ」というわけです。

派遣型の「えくぼ」に続いて拠点型の一時保育「ほっぺ」ができることになり、お母さんたちの行動の幅は一層広がりました。安心して次の子の妊婦健診に行ける。ずっと行っていなかった美容院にも行ける。週一回のフラワーアレンジメントの教室にも行ける。仕事もできる……。「ほっぺ」と「えくぼ」はママの微笑み。そしてママの微笑みは、もちろん、子どもたちの笑顔の源です。

サポーター派遣型の「えくぼ」「子ネット」会議で

品川宿の商店街は島村さんの顔なじみ

「ほっぺ」がある品川宿「おばちゃんち」は、北品川の街づくりの一環として品川宿の街道沿いの商店街に構えられることになりました。このニュースに大喜びしたのは、島村さんです。ここ北品川は、島村さんがお嫁入り以来、五三年間暮らしている街です。

「今はもう、すっかり品川のおばちゃんになっちゃいました」

という島村さんは、渋谷から嫁いできました。お嫁に来てまもなくのこと、渋谷の友人が来て、「へえ、ここはかっぽう着で買い物に行ける街なのね」と言ったということですが、かつてはかっぽう着姿が似合う下町の風情あふれる街だったようです。「ほっぺ」のある品川宿「おばちゃんち」の斜め向かいには下駄屋さんがありますが、この店のつくりは昔そのまま。店の名前は右から左に書かれています。

と、昔の街の面影を残すこの街にも、今はマンションが増えて

旧東海道で品川神社のお祭り　左端が「おばちゃんち」

います。街はずいぶん変わったそうです。しかし、年に一度の荏原神社や品川神社のお祭りに街中が興奮するのは昔も今も変わりません。そんな歴史と今、人びとが長年の暮らしの中で培ってきた文化や人の関わりと新しい人びとの暮らしとが、入り交じり、共存し合おうとしている品川宿です。

長年この街に暮らし、ここで買い物をし、挨拶をかわしてきた島村さんは、街の中にたくさんの知り合いがいます。商店街はみんな顔なじみ。品川宿「おばちゃんち」ができると聞くと、さっそく商店街をひとまわりして、商店街の人たちに「おばちゃんち」や「ほっぺ」の趣旨を説明し、カンパを集め、ご近所の一員となるための足固めの活動を始めました。地元で毎日あいさつを交わしてきた人ならではの活動です。

実は島村さん、お汁粉パーティーをして「おばちゃん」からいったんは退いたのですが、何とか早く復帰したいと、毎朝、散歩で足を鍛えて、ほぼ復活できるまでに回復していたのです。そして、ここなら家から近いからお手伝いができそうだぞと、そんな期待にも心を弾ませて「ほっぺ」の開設に奮闘することとなったのです。

さて、「ほっぺ」を開設するとなると、大崎の「みこちゃんち」と品川宿の「ほっぺ」と両方での活動は、スタッフ事情を考えてもちょっときびしい。そこで、これまで「みこちゃんち」で行なわれていた毎週月曜日のつどいはその名も「みこちゃんち」として「品川宿おばちゃんち」に移し、大崎の「みこちゃんち」は閉じることにしました。オープンから二年半。その間に、大崎の「みこちゃんち」ではたくさんのお母さんたちが、つどい、学び、そして歩みだしていました。そのお母さんたちの物語は、第3章でじっくり語ることにして、もうしばらく「ほっぺ」の物語を続けることにしましょう。

「おおきなかぶ」のように人と人がつながって

「ほっぺ」を開設するにあたってはスタッフが必要です。「誰かいないかなあ」とつぶやく矢内さんに、「ほら、いるじゃない、いるじゃない。あそこに」と八神さん。名前が挙がったのは、矢内さんが公立保育園時代に一緒に仕事をしていた保育士仲間の岩崎さん。保育は確かだし、気心もしれている。この人なら心強い。ということで仲間に加わってもらうことにしました。

岩崎さんは定年二年前に保育園を辞めていました。「ちょっと骨休めをしたい」と、夫婦で世界一周旅行をしていた岩崎さんの骨休めが済んだ頃を見計らって、矢内さんが声をかけました。「やってみたい」との返事。ひとり仲間が増えました。と、今度は岩崎さんのほうから「もうひとり誘ってもいいですか」との問い。もちろん、大歓迎です。

岩崎さんが誘ったのは同じく保育士の鵜沢さん。鵜沢さんは岩崎さんが園長をしていたとき、その園で働いていた人で、互いに人柄も仕事ぶりもよくわかっています。鵜沢さんは体を壊して、岩崎さんが辞めた翌年に退職し、体をいたわりながらのんびりと毎日を過ごしていました。そんなところへ岩崎さんからの誘いの電話です。岩崎さんは鵜沢さんが体を壊して病欠もギリギリいっぱいとって、もう復帰できないかなと思っていたときに、「〇歳（〇歳児保育）をやりながら、ゆっくり体を治しなさいよ」とあたたかく支えてくれた人です。鵜沢さんは喜んで誘いに応じました。

するとと今度は鵜沢さんがもうひとり、沢田さんにも声をかけました。沢田さんは鵜沢さんの前の職場で一緒だった人です。沢田さんも定年より二年ほど早く退職していました。沢田さんは退職した後、体調を崩したため、二～三カ月、体の回復に専念してから仲間入りをしましたが、こうして保育士資格をもつ保育スタッフが次々と仲間を呼び込み、あれよあれよという間に仲間は増えていきました。矢内さんが岩崎さんをひっぱって、岩崎さんが鵜沢さんをひっぱって、鵜沢さんが沢田さんをひっぱって……。

「まるでおおきなかぶみたい」。「いやあ、芋づるじゃないの?」。子どもに関わる仕事をしている人なら誰もが知っているロシア民話の「おおきなかぶ」。子どもたちが大好きな絵本です。その絵を思い浮かべながら、みんな楽しそうにこの話をします。「おばちゃんち」

には人が人を呼び、人が人をつなぐ物語がいっぱいなのです。

そうそう。八神さんはなぜ岩崎さんを知っていたのでしょう。岩崎さんのお子さんが、小学生の頃、八神さんが勤務する児童センターに来ていたので、そのお母さんである岩崎さんもよく知っていたのだそうです。子ども人をつないでくれていました。いえ、子どもがいたから大人がつながることができました。子どもは大人たちをつないでくれる人。そう言うべきかもしれません。

専門職もご近所おばちゃんも一緒に育てる「ほっぺ」

「ほっぺ」の定員は一四名。利用者は〇歳から三歳くらいがほとんどです。一時保育ですから、利用者の利用時間もさまざま。日々の利用者数も一定していませんが、ほとんどいつも定員いっぱいという盛況ぶりです。

お母さんが不定期的な働き方をしている。小さな子どもを連れていけない冠婚葬祭のお出かけがある。お母さん自身の通院や、きょうだいの通院。夫婦で久しぶりの二人だけの食事を楽しみたいので……。認可保育園では対応しきれないさまざまな保育ニーズに対応して「ほっぺ」が活躍しています。ラーメン屋さんがお昼の繁忙な一時間だけ子どもを預ける……と、そんな利用もあるそうです。秋頃からは認可保育園の入園を待機する長時間保育の子どもも増えてきて、毎日定員いっぱいという状態が続きます。地域にはこんなにも多様な保育ニーズが潜在していたというわけです。

一時保育ですから、「ほっぺ」はいつも保育園の四月状態。子どもたちが安定して過ごすためには、落ち着いた環境と共に、保育者の力量が不可欠です。スタッフは保育の有資格者と「おばちゃんち」のサポーター養成講座修了者でチームを組みますが、常に保育士が一～二名入ります。つまり、「おおきなかぶ」の四人の誰かが保育に入っています。「おおきなかぶ」の四人は、いずれも三〇年選手。専門知識も経験も豊富です。常勤者二名の他は毎日保育者は変わりますが、お互いの連携も充分。渡辺さん、矢内さんを中心に、保育士スタッフと複数の保育サポーターとが一緒に協力しあって保育をしています。

その日の子どもの数によって、保育サポーターの人数も変わります。保育する子どもの年月齢も日によってさまざま。子ども数に対する保育者数は常にきちんと基準を満たしていますが、それでも小さい子が多い日は応援がほしいときもあります。一人ひとりがおいしく食べたり、気持ちよくお昼寝に入ったりできるために、「島村さん、今日、これから来ていただける?」などと、電話がかかるときがあるそうです。近所に住む島村さんは、そんなときは助っ人として駆けつけます。まさにご近所の「おばちゃん」。こんなところが「おばちゃんち」らしく、子どもにもお母さんにもうれしいところです。

だんだんご近所さんたちとも仲良しになっています。ご近所さんが子どもたちのことを気遣ってくれます。子どもたちは「ほっぺ」の中だけでなく、街の人たちにも見守られて育っています。

子どもからすばらしさをもらっています

「ここ（「ほっぺ」）、とっても楽しみなんです」と、にっこり笑って言う岩崎さん。八時半から夕方の五時一五分まで、週二回、来ています。

こんな話をしてくれました。「お子さんは生後三カ月なんだけど、お盆にお父さんがお休みなので、ご夫婦で食事に行きたいということで、預けにこられた方がいらしたんですよ。これ、まさにおばちゃんちの仕事だなと思いましたね。昔ならおばあちゃんがいたり、親戚が近所にいたりして、『ああ、行っといで、行っといで』と言ってくれたのよね。たまには夫婦二人でゆっくり食事をしてきて、気持ちがリフレッシュできて、また、いい顔でお子さんと関われれば、それ、すごくいいことなのよね。『安心して行ってらっしゃい』っていうのはまさに「おばちゃんち」の発想なんですよ」。それを応援できることがとっても幸せだというように、うれしそうに語ってくれます。

そんな岩崎さんですが、昔から「お母さんのリフレッシュ、おおいに結構」と思っていたわけではないようです。保育園の若い保育士だった時代には、親の休日に子どもを保育園に連れてくる親がいると、お休みの日くらいは子どもとじっくり関わってあげてほしい、とか掃除だって子どもと一緒にできるのに、とかそんなふうに思っていたそうです。でもお母さんが気持ちがゆっくりできていないのなら、お母さんがゆっくりできるようにこちらが援助すれば、結果的には子どもによいことになる。と、だんだん考え方が変わってきたと言います。「その子が今、どこにいたら一番幸せ？　って、ここへ来てから、ことに思うようになりましたね」。子どもの最善の利益とは何かを、いっそう深く考えるようになったということでしょう。

こんなことも言います。「もちろん普通のおばちゃんでもいいんだけれど、私は保育士だから、ちょっとそこにプロ意識もあるおばちゃんであれば、お母さんたちにもうちょっといろんな選択肢も提供できるでしょ。こういう方法もあるよ、とね」。「昔の近所のおば

「ほっぺ」で。みんなで食べる食事はおいしいね

ちゃんは『かわいいね』と言いながら『もう歯が生えたの』とか言ってね、そんななかで情報やアドバイスも提供していたんだろうけれど」と、専門性をどう活かすかも考えるおばちゃんです。

ここは一人ひとり、子どもの月齢も違うし保育時間も違います。三カ月の子も一歳半の子もいます。八時間の子もいれば一時間の子もいます。だから対応は一人ひとりみんな違います。「改めて感じたのは、子どもって順応性があるんだなと。『おばちゃんち』には毎日来るわけじゃないし、『おばちゃん』も毎日違う人。それでも何日か来るうちに泣かなくなる。あんなに泣いていた子が……。聴覚、視覚を通して、彼らは『おばちゃんち』をおぼえているんでしょうね」。

「これくらいのスペースは心地いいのかな。大勢いると圧倒されちゃうけど、おうちのようなスペースだからいいのね。おうちって、緑がある。花がある。狭いながらも楽しい我が家っていうでしょ。それが私のここのイメージね」。隣りの岩崎さんのおばちゃんちに遊びに来たというように、一人ひとりが穏やかに過ごせるようにと、こんな言葉で保育への思いを語ります。

前に勤めていた保育園がこの地域だったので、この辺りを歩いていると「先生、どうしたの。こんなところにいて」と声をかけられるそうです。「おばちゃんちにいるのよ」と言うと、「あ、テレビで見た。知ってる」と、むこうも一緒に喜んでくれます。二〇年くらい働いたところなので、「子どもが今、こんなことをしている」と、成長した子どもたちの話も聞けます。「それを聞くのは私もうれしいの。私『縁』という言葉が大好きなんですよ。区内三七園あるなかで、同じ保育園になるっていうのはすごいですよね。子どもとも親ごさんとも職員とも縁ができたんだから、その縁を楽しみたい」と、人とのつながりを楽しんでいるようす。そんな岩崎さんの「人の縁」論に聞き惚れていると、「子どもがすばらしいから、子どもたちからすばらしさをもらうんでしょうね。子どものすばらしさが私をすばらしくしてくれるんだなと感じますね」とひとこと。

「おばちゃん」からいっぱい学んでいます

鵜沢さんは岩崎さんから電話をもらうまで「おばちゃんち」の存在を知りませんでした。まずは「NPO法人って何なの?」というところから話が始まりました。それまで保育園では一生懸命働くお母さんと毎日向き合ってきましたから、家で子育てをしているお母さんが、自分の時間をとるために子どもを預けるという話を、非常に新鮮な思いで聞いたと言います。「ふーん、そういう生活もあるんだー」「そういう手助けもあるんだ」と。そして、「そういう手助けができるなんて、私、ラッキー」とも……。

鵜沢さんが子育てをした時代には、子どもを預けて息抜きをするなんてタブーでした。そういう人のための保育なんて、考えてみたこともありませんでした。でも最近はテレビのニュースを見ていると、ストレスをためたお母さんが子どもを殺めてしまう話も珍しくありません。そうだ。お母さんが精神的な安定を図れるための援助が必要なんだと、そのことはすんなりと納得できました。また、そのために自分が何かをすることができる。それはいいなあと、新たな保育世界への関心も刺激された思いでした。そこで「ほっぺ」の保育に携わることになったのですが、とにかく「すっごく楽しいです」「保育が楽しい」と、まるで内からあふれ出すようにその言葉を繰り返します。

鵜沢さんは働きながら夜間の短大で保育を学び、保育士になった努力家です。保育園時代は一生懸命保育の仕事をしてきました。品川の公立保育園は昔はゆったりとていねいな保育をするという定評がありました。鵜沢さんもそんな品川の保育が好きだったそうです。ところが最近は運営のマニュアルが導入され、それらに関わる事務量が増えたり、人員のゆとりがなくなったりで、一日がフル回転という感じになってきて、「保育を楽しむ」どころではなくなっていたようです。

「『おばちゃんち』の人たちは、ほんとに『おばちゃん』でしょ。ああ、こんな『おばちゃん』の生活、いいなあって思う。ここにいて、自分が好きな保育を楽しくできて、お母さんたちがリフレッシュしてすごくいい笑顔になって帰ってくる姿を見るとね、すっごい幸せを感じるの」。鵜沢さんは「ほっぺ」に来て、それがうれしくてうれしくてたまらないというように言います。

「でもね、私の夫はまだ納得できないの。なんで預けてまで遊びたいんだ？　って。誕生日だから夫婦で預ける？　何？　信じられない。なんて言うんですよ。お迎えに来るときとってもいい顔してくるのよって言うんですけどね。納得しないの。そこは夫婦でもまだダメなんですよ。今のところはね」と笑います。預かってほしい人がいて、そこで好きな子どもと一緒に過ごす鵜沢さんは幸せを感じていて……。そんな会話が家庭の中もにぎわせていることがうかがえます。

「ほっぺ」には専門職である保育士の「おばちゃん」と保育サポーター養成講座を修了した「おばちゃん」の両方がいますが、それがとってもいいと鵜沢さんは感じています。「保育士の知識が活きることもあるけど、子育て経験のある『おばちゃん』から逆に学ぶことも多い」というのです。「私なんか、こういうときはこうしなきゃとか、発達がどうとか、頭の隅に保育士があって、そんな見方をしちゃう。でも『おばちゃん』の子どもや親を見る目はちょっとちがったりする。そういう見方だけじゃないんだなって……」と、緩やかな見方を学ぶと言います。つまり、お互いに学びあっている。それがいいと言うのです。

保育サポーターの中には「おばちゃん」だけでなく、「おばちゃん」スタッフよりひと回りもふた回りも若い人もいます。「将来は保育士に」の夢に向かって歩んでいる留美ちゃんがその人です。「彼女は今、我々がやることを真似っこして学び取ってくれていますが、彼女の子どもを見る目はすごいんです。そういうのを見ると経験がすべてじゃないなって感じますね。後輩だって私たちが学びたいことをやっている人がいる。ここは、若い人も、経験を積んだ保育士も、ほんとの『おばちゃん』も、みこちゃんのように学童保育の経験をもつ人もいる。ここにいるとお互いに勉強になるんです」。鵜沢さんは、だから「ハッピー」だと言います。

最年少保育スタッフ、留美ちゃん

「おばちゃん」と言うにはあまりに若いのですが、ここで最年少保育スタッフである留美ちゃんのことをもう少し紹介しておきましょう。野村留美ちゃんは、「おばちゃんち」の保育サポーター養成講座の全課程を修了して認定を受けた「おばちゃんち」の認定保育サポーターの第一号です。認定されるには、講座の全課程を修了すると共にレポートを提出し、認定審査を通ることが条件ですが、留美ちゃんの認定審査対象となった「おばちゃんちと私」と題する作文の一部を紹介します。彼女がどんな保育をする人かがよくわかります。

「……おばちゃんちに来てくれる子どもは私にいろんなことを教えてくれます。子どものひとつひとつの仕草や泣き方から『この子はミルクが飲みたいのだなあ』とか『眠くなってきたんだなあ』とか、ただただ泣いているのではなく、何がしたいのか伝えてくれます。一対一で子どもを見ていると次第にその子も私に慣れてくれて、慕ってくれるようになります。側でニコニコ笑って遊んでくれたり、私の腕の中で安心してスヤスヤ眠ってくれる時間は私を癒してくれます。このひとときが私の『宝物』です。

おばちゃんちと出会い、子どもたちとふれあううちに子どもがもっと好きになって、将来の夢もおばちゃんちで見つけることができました。

ここで、もっともっと大切な事を体験して、おばちゃんちで教わったすべてを活かし、いつか夢が実現できればいいなあと思っています。

私にとって、おばちゃんちとは、月に一度の幼児と触れ合える幸せな時間。いろんな大切なことが学べる時間。みんなの想いの場所なんだと思います」。

留美ちゃんが保育サポーター養成講座を受講したのは高校三年生のときでした。そして今は、「おばちゃんち」の保育スタッフとしての活動をしつつ、保育の勉強をしています。若い留美ちゃんの子どもと向き合う姿勢については、保育スタッフの誰もが敬意をもって話してくれます。力強い次世代が育っています。

「ほっぺ」が日々の励みです

「おおきなかぶ」仲間の一人沢田さんは、元々は児童センターの職員。児童センターで二七年勤務した後、人事異動で保育園に移ったという経歴の持ち主です。保育園には六年勤務。三年ずつ、二つの園を経験しました。

体の回復状況と相談しながら、ゆっくりペースで「ほっぺ」に関わるようになった沢田さん、最初はいろいろな発見ととまどいがあったと言います。保育園と違って異年齢が一緒の部屋にいます。保育園には寝る部屋、食べる部屋、事務室があって、お庭がある。でも「ほっぺ」はひとつの部屋ですべてが進む。保育園は子どもたちの登園時間や一日の生活時間が決まっているけれど、ここは子どもが来る時間もいろいろ。今までと違う保育に出会ったことで、改めてこれまでの自分の保育を振り返りました。

お母さんたちとふれあって、子育ての悩みや喜びの話を聞きながら、私も子育てのときはこういうところで苦労したなあと思い起こしたり、こういう場があって一時間でも二時間でも預かってもらえたら、息抜きができただろうなと、そんなこともいろいろ考えたということです。

沢田さんは今、マンションに住んでいます。自分のマンションにどういう人が住んでいるかは知っていますが、悩み事や困ったことがあったときに相談をするというような関係はありません。だから、初めて子育てをする若いお母さんの心細い状況がよくわかります。何でも相談できる「ほっぺ」のような場所があることがお母さんには心強いことだろうな、自分の娘もこういうところを上手に利用してほしいなと、そんなことを思います。

「ここは狭いということもあって、スタッフみんながお母さんと会うでしょ。お母さんがお迎えに来るとね、みんながお母さんにお話のシャワーを浴びせるんですよ。『よく食べたわよ』とか『こんなことしてたわよ』とかね。そうすると、自然とお母さんも、困っていることを話し出したりしてね……」と、構えずに悩みを語ったり相談したりができる「ほっぺ」の環境や雰囲気がとってもいいなあと感じていると言います。「子どもをみんなで見ているという感じ。ここが原点ですね」と、頷きながら「ほっぺ」を語る沢田さん。いつの間にか自然に生まれたここの「みんなで育てる」の姿をこんなふうに語ってくれます。

沢田さんが「ほっぺ」に来るのは週一回ですが、その日があることによって日常にメリハリができると彼女は言います。明日は「おばちゃんち」と思うと励みを感じるし、充実感になっている……と。体を動かす気持ちよさ、若い人とも一緒に働ける喜び、いろいろな人がいてお互い刺激しあい、学び合っているという実感。そして社会に関わっているという役立ち感。そういうものが人間には必要なのかもしれない。「ほっぺ」に来るようになって、また、「おばちゃんち」と関わるようになって、そんなことを発見したり、考えたりしたと、沢田さんは熱く、そして穏やかに語ってくれました。

「お母さん、好きなことしていいよ」と言われて

「ほっぺ」の保育スタッフの中で週五日間の常勤者は二名ですが、そのひとりは渡辺さん。そしてもうひとりは保育サポーターの喜瀬さんです。

「珍しいお名前ですね」と私が言うと、「私、沖縄の出身なんです」と、さっそく名前のルーツを解説してくれました。沖縄中部には喜瀬村というところがあるのだそうです。喜瀬さんは沖縄では伝統工芸として知られる紅型の仕事をしていた、つまり染色を専門職としていた人ですが、結婚して東京に来てからはもっぱら子育てに専念していたとのこと。

子どもが帰ってきたとき、いつもお母さんが待っていてくれるのはうれしいもの。だから私は家にいるようにしたい。と、子どもが小学校六年生の頃まで家にいたそうです。

ところがある日、「いつも待っていてくれるのはうれしいんだけど、お母さん、さみしくない？　そろそろいいよ。お母さん、好きなことして」と、娘さんにそんなことを言われました。子どもはみごとな成長ぶりをみせてくれるものです。よそのお母さんは外に出て働いているのに、うちのお母さんはひとりぼっちで自分を待っている。私は大丈夫だから、お母さん、好きなことしていいよと、子どものほうがやさしい気遣いをしてくれたというわけです。

ちょうど品川にファミリーサポートセンターができるというときで、子どもがそういってくれるなら……と、さっそくファミリーサポートの講座を受講して、ファミサポ活動を始めました。ファミリーサポートセンターは、「保育の提供をしますよという人」たちと「保育の提供を受ける人」たちがいずれも会員となって、相互援助をするという仕組みです。保育を提供する側の会員は講座を受講、修了することが条件です。ファミサポは保育する人一人に対して保育を受ける子どもは一人。一対一が原則なので自宅での保育が多いものですが、品川の場合、家庭あんしんセンターという場があって、そこを利用しての保育も行われています。

喜瀬さんはあるお子さんの誕生直後から、そのあんしんセンターで、お風呂に入れたりお母さんの相談にのったりという産後支援から始まって、ずっとひとりの子どもの保育に携わり成長を見守ってきました。と言ってもファミサポの場合は保育園と違って、保育が必要なとき、必要な時間帯の保育をするという形です。幼稚園に入る時期になると、だんだん保育をする回数も減ってきてさみしくなりました。

ちょうどその頃、品川宿に「おばちゃんち」ができ、一時保育の「ほっぺ」が開設されるので、常勤の保育サポーターを募集する。と、そんな話が耳に入ってきました。それと共に、保育サポーター養成講座を受講してみませんかと、声もかけてもらいました。前向きな喜瀬さんは、さっそく養成講座を受講し、常勤の保育サポーターとなる道を選びました。

染色の道から保育の道へ。まったくの大転換のようにもみえますが、話を聞いてみるとそうでもないようです。もともと子どもは大好きで、保育の通信講座なども受けていたとのこと。沖縄は、今でこそ子どもの数が少なくなってきましたが、元来子どもが多い土地柄です。喜瀬さんも五人きょうだい。きょうだいの子どもや近所の子どもなど、周りにはいつも子どもたちがいました。紅型の仕事場にもそこに働く人たちの子どもの姿がありましたし、職場の旅行などは子どもたちも一緒だったそうです。

紅型の技術を発揮できない東京の地で、娘さんに背中を押された喜瀬さんが保育の道を歩みだしたのは、ごくごく自然の流れだったのかもしれません。そしてまた、沖縄育ちの喜瀬さんは、「おばちゃんち」の目指すところを、ある意味、体で知っている人なのかもしれません。

喜瀬さんと、そんなおしゃべりをしていると、隣りの保育室でお昼寝をしていた赤ちゃんが目を覚ましたようで、泣き声が聞こえてきました。すると、そちらに目をやりながら「最近、ママを追うようになりましたね」と、ひとこと。誰が泣いたか、ちゃんとわかるようです。

保育にそろそろ戻ろうという喜瀬さんが、こんなことを言いました。「私、品川に来てよかったなと思うのは、皆さん、声をかけてくれるんですよ。『暑いのに大変ね』なんてね」。人は「大変ね」と言うけれど、そのひとことが元気の素。「人を受け入れてくれるんですね。街も好き、スタッフも好き。それで続けています。人間関係が一番」。

「おばちゃん」がいるから安心して産める

「おばちゃんち」の保育サポーター養成講座を受講し、修了して、現在「ほっぺ」や「えくぼ」で活動している人たちは二〇名弱。彼女たちは毎月一回、保育の中で気づいたことを報告しあい、振り返り、次の活動への力にする、保育サポーター連絡会をもっています。私が同席させてもらったこの日の連絡会には七〇代の村上さんから三〇代の安藤さん（仮名）まで、七人が出席していました。

報告や話し合いのあと、年齢も活動歴もさまざまな七人に、ひとことずつ「保育」「私」「今」を語ってもらいました。

参加者の最年長、七〇代の村上さん。

「子どもが好きでね、保育をしているときは疲れも何も忘れて夢中なんですよ。とっても楽しくその時間を過ごしてるんですけどね。ただ年が年なので、あまり無理はできない。自分にあった程度のお手伝いをしていきたいと思います。まだまだ自分は足りないところがあるなと思います。でもハートだけはね……。こうやってみなさんの話を聞いていると、見習うところがいっぱいある。吸収できたらいいなと思います」。

続いて六〇代の大泉さん。

「あと一カ月で六六歳になります。ちょっと五〇肩になりまして（笑い）。どうして保育サポーターをやるようになったかといいますと、すまいるスクールで働いていまして、今の子どもたちの礼儀作法などを見ていて、これでいいのかなと思いまして、もう少し小さいうちから子どもたちの力になれたら……と思ったんです。今思うと、振り返りが一番の目的だったのかもしれません。それで『おばちゃんち』のサポーター養成講座に応募して、勉強して……、今はとても充実した毎日を送っています。みなさんに指導していただきながら頑張っていきたいと思っています」。

清水さんも六〇代。

「六二歳です。子どもはいないんですけど、子どもが大好きで。もう一〇年になるかしら、ほんの二～三時間ですけど、毎日保育園のお手伝いをやっています。この保育サポーター養成講座も、仕事に役立つかなと思って受講したんですね。そうしたら、みこちゃんの話で『一〇〇人のおばちゃんをみつけよう』というのにすごく感動して、私もできる範囲で関わっていきたいなと思って、今、『えくぼ』で保育に行かせてもらっているんです。ほんとうに『おばちゃん』という名前もぴったりなんですけど、まさにデコボコ。『完璧な親なんていない』というように、完璧な保育者もいないみたいな感じで、いろんな人がいて、いろんな知恵を出し合って、『おばちゃん』の集団はやっぱりすごいなと思います。みんな力をもっている。いろんな方と一緒にできるということは楽しいことですね。この中で私もいろんなお手伝いができたらいいなと思います。自分自身のためにも。『おばちゃん』という名前は大好きです。ぴったりです。私も一〇〇人の『おばちゃん』のひとりだと思っています」。

五〇代の長山さん。

「みなさん、年齢に関係なく、ほんとうにあたたかく子どもたちを見守り、親を支援してくれてるんだなと思ってます。私は品川区のファミリーサポートの子育て支援をやっているんですけど、ファミサポは支援者一人と子ども一人という一対一の関係で支援するんです。お母さんが講座に参加するときなどの保育は複数で一緒にするわけですが、そういうこともしたいなと思って、『おばちゃんち』の講座に参加したんです。実際、保育の中で、保育士さんの行動なんか見ていると、ほんとうに勉強になります。お子さんに対する気持ちとか、お母さんに対する気持ちというのが痛いほどやわらかくて……。痛いほどやわらかいって変ですが、なんか、そんな感じを受けるんです。そういうところに接すると、ほんとうに参加してよかったなと思う」。

福永さんも五〇代。

「最初、品川区の生涯学習課のほうで、みこちゃんと保育の仕事をさせていただきました。それがきっかけです。広報でサポーター養成講座の受講者を募集しているのを見て、じゃあ受けてみようかしらと……。それで今はとても楽しくお仕事させていただいております。お仕事をさせていただいているのに、子どもたちの笑顔を見ていると、その笑顔によって私が元気をもらっているみたいな感じなんですね。私は保育士の資格がないもんですから、来週から大学の夏期講習にいって、子育て支援カウンセリングのお勉強をしてこようと思っています」。

小林さんも同じく五〇代。

「今、保育園で非常勤で働いています。何か少しでもお勉強して役に立てればと思ってサポーター養成講座に応募したんです。私は保育園で働いているので、こちらではあまり力になれないのですが、できる限りこの集まりには出席して、勉強していきたいと思います」。

そして三〇代の安藤さん。四歳の女の子のお母さんであり、このときは妊婦さんです。

「(もうすぐ出産なので)しばらくは具体的な活動はできないと思うのですが……。普段、子育てだけしていると、子育て中のお母さんとしか会わないし、いろんな人と会う機会がないでしょ。でもこうして世代も違ういろいろな人と会うと、いろいろな考え方があって……。それが必要なんだと思います。自分の親の言うことは聞けないけど、他人様の言うことは聞ける。ありがたいです(笑)」。

三〇代から七〇代まで。そこには世代の壁も垣根もありません。三〇代の安藤さんに、こんな声がかかります。「こんな異世代の人たちとつきあうことになるとは思わなかったでしょ。友達よね」。まもなく出産を迎える安藤さんを、「おばちゃん」や「おおおばちゃん」がこんな言葉で賑やかにあたたかく応援しています。「生まれたら私たちが待ってるからね。心配ないわよ」。そんな声に囲まれてお産を迎える安藤さん。「おばちゃん」のいる街は安心して子どもが産める街です。

ただいま、ボランティアとして出動中

保育が「ほっぺ」や「えくぼ」の表舞台なら、それを舞台裏でしっかり支えている人がいます。中山さん（仮名）です。中山さんはＮＰＯ法人「おばちゃんち」の会計という、いわば血液を循環させるような大事な役割を、渡辺さんを助けて行っています。

実はこれがとっても大変なのです。なぜなら「ほっぺ」では毎日、毎日、細かい金額が動きます。保育時間によって、保育のパターンによって、一人ひとり保育料も違います。「おばちゃんち」がいつも健康体でいきいき活動できるためには、それらをきちんと処理し、財政の土台を整えておくことが必要です。それは代表である渡辺さんの大事な仕事のひとつですが、渡辺さんを支え、この細かい会計事務をみごとにさばいて、「おばちゃんち」の安定的運営に貢献しているのが中山さんです。

中山さんは、定年まで、金融機関で働いていました。中山さんが働いていたこの金融機

関には、定年まで勤め上げた人たちの退職者の会があり、そこには五～六千人の会員がいます。その会の活動のひとつとして、東京地区だけのボランティア活動があります。社会的に何か役立つことをしようではないかということで、そこに三百人から四百人くらいの人が登録しています。金融機関というところは人材が豊富で、いろいろな才能をもった人がいます。「こういう人がほしい」とどこかから要請があると、該当する人材が「じゃあ、行きましょう」と「出動」する。と、そんな形で動いています。

中山さんも退職してこの会に入り、ボランティアに登録しました。すると「最近はNPOが増えていて、人手が必要になっています。手伝いに行ってもらえますか」と、さっそく声がかかりました。ということで行った先が、日本子どもNPOセンターでした。そこには常務理事として渡辺さんがいました。

日本子どもNPOセンターで中山さんは三年ほどボランティアとして活動していましたが、その仕事も一区切りとなりました。そろそろ終わりにしようかな、というとき、渡辺さんから「こちらが終わるんだったら、『おばちゃんち』に来てもらえる？」と声をかけられたのです。「ちょっとだけならいいですよ」と、それから半年後に、今度は「おばちゃんち」に「出動」となりました。

以来、一年半。週一回の会計応援団である中山さんは、「ほっぺ」の歴史と歩みを共にする形で、渡辺さんを支えてきました。「渡辺さんが主で、私は渡辺さんの片腕の半分くらい会計やってるかな」と、至って謙虚ですが、渡辺さんが周辺世界を展望しながら大きな視野で活動できるのも、中山さんという足元の安心をしっかり支えてくれる人がいるからでしょう。

大きな金融機関で働いていた中山さんにとって、「おばちゃんち」は実におもしろいところだそうです。会計の中身も違う。スタッフの管理の仕方も、スタッフのあり方もまったく違う。ここへ来て、へえ、こういう世界があるんだなと思ったとのこと。時々ピリッと辛口をきかせて「おばちゃんち」に刺激も与えてくれますが、「私、順応性があるんですよ。ここはみんな自然にやってるでしょ。これもいいなって……」。どうやら中山さん、「おばちゃんち」を楽しんでいるというようすです。

「働くのが好き」という中山さん。週のうちのその他の日も二〜三日はボランティア部会からの要請で、よそへ会計の応援に行っているそうです。そして空いている日は大学で古典の勉強。さらに浮世絵の研究サークルにも入っていて、あちこち展覧会に行っては実物を鑑賞して勉強しているとのこと。探求心旺盛な江戸っ子「おばちゃん」です。

地域社会。それは「多様な人びと」と「水平な関係」

地域のさまざまな保育ニーズに応え、親たちの力になっている「ほっぺ」と「えくぼ」。この章では、「ほっぺ」と「えくぼ」で保育に携わる一人ひとりの「おばちゃん」たちの姿を通して、「おばちゃんち」と人のつながりが生み出しているものを見つめてきました。

ここで保育に携わる人びとの顔ぶれをみると、子どもや親たちの日々を気にかけ、力になりたいという人が、世代を超えて、街のどこにもいることがわかります。保育サポーターの「おばちゃん」たちは、年齢も、個々のキャラクターも、歩んできた人生の道のりも、現在の生活背景も、さまざまです。留美ちゃんのようにお姉さんのような人から、村上さんや島村さんのように自分のおばあちゃんよりも上の世代の人まで、子どもたちはいろいろな人たちに抱っこしてもらったり、遊んでもらったりしています。地域社会は世代も暮らしぶりも異なる多様な人びとが暮らしているところです。子どもたちは家庭の中で親と日々の関わりを豊かに重ねながら育っていきますが、同時に、親以外の多様な人びとにも声をかけてもらい、笑顔を向けてもらい、抱っこしてもらい、遊んでもらい、時には叱られたり、心配してもらい、それら多様な触れあいの経験をすることで、「人」の「人らしさ」

を重層的に実感しながら育っていくことができます。親たちも、周囲からの子どもへのやさしいまなざしやあたたかな手があることを実感することで、ゆったりと穏やかな気持ちで子育てができます。地域社会は子どもの育ちを支える豊かな人的環境そのものです。そして、かつての地域社会はあたりまえのこととして、その機能を果たしてきました。

しかし、今日の子育て環境を一望してみると、残念なことに、多様な人びととのふれあい環境は皆無と言ってもいいほどです。ひとりで子育てを背負って頑張り、その重圧と緊張感に押しつぶされそうになっている母親たちの痛々しい姿ばかりが目につきます。

「ほっぺ」や「えくぼ」は、「保育」を行うことで核家族で子育てをする親たちの力になっていますが、同時に地域の豊かな人的環境として親と子を包み、支えています。つまり、子育てにおける地域社会的機能をそこにつくりだしています。地域の多様な保育ニーズの柔軟な受け皿としての保育も、広い意味では地域社会的機能と言えます。ことに派遣型保育の「えくぼ」は、保育に行く先々で、地域社会の「おばちゃん」たちの人的刺激の豊かさを、さまざまな形で親子が体験する機会となっています。保育サポーターの「おばちゃん」たちは、人のつながりや人のやさしさを自ら運んでいる存在です。

「おばちゃんち」の保育体制のおもしろさのひとつは、この地域社会的機能と保育士の専門性とを見事につないでいることです。しかも、専門職が普通の「おばちゃん」たちに指導するという一方向の関係ではなく、相互に学びあう関係を通して、専門性がやわらかな形で地域社会の中で活かされる形もつくりだしているということです。

渡辺さんは、「おばちゃんち」における人の関係について「水平な関係」ということをよく言いますが、専門職も普通の「おばちゃん」も、お母さんも学生も、ここでは皆、水平な関係です。普通の「おばちゃん」が専門職から学ぶだけでなく、専門職もまた普通の「おばちゃん」から学んでいます。若い人がベテランから学ぶだけでなく、ベテランも若い人から刺激され、学びを得ています。親が保育者に支えられると共に、保育者たちも親から、子どもからさまざまなことを教えられ、元気をもたらされています。七〇代も五〇代も三〇代も、互いに耳を傾け合い、学びあったり、心を響かせ合ったり、支え合ったりしています。そして、そのことが、彼女たちをワクワクさせ、いきいきとさせ、日々を心地よいものにしています。

多様な人びとが共にあること。誰もが上も下もない水平な関係であること。「おばちゃんち」の保育スタッフが快さを感じているそのあり方は、街の中の、暮らしの中の、人のあり方、つながり方にも通じるものです。街における快い人のあり方、人のつながり方が、保育システムという形を通して、また、専門性もその中に活かされて、親や子どもたちと共有されている。そんなおもしろさが見えてくる「おばちゃんち」の保育です。

第3章

仲間がいるから
一人ひとりが元気

地域には子どもに優しい人たちがこんなにもいる

二〇〇七年の一一月三〇日。東急大井町線の下神明駅から一〇分ほどのところにある荏原第五地域センターの一室では「子育て・子育ちにやさしいまちづくりネットワークＩＮしながわ」（略称「子ネット」）のなごやかな会議が開かれていました。二〇〇七年度の第二回目の会議です。

地域で子育てや子育ちの支援をしている人たちやそれを必要としている人たちが交流し、そのニーズと現状を知って、新たな活動の出発点としよう。点としての親や支援者、事業体をつなぎ、地域の子育て活動が街づくりの面に発展していく土台を作ろう。次年度の課題も明らかにしていこう。そんな目的で、二〇〇五年、「おばちゃんち」が品川区内のさまざまなグループ・団体に呼びかけ、始まったものです。

最初は参加団体は一六ほどでしたが、今は三〇団体を超え、この日も三〇人を超える参加者がそれぞれの活動を紹介し、情報を共有しあいました。あるグループから抱える問題が出されれば、他のグループから協力の申し出や提案も出されます。会議のタイトルが示すように、みんながつながりあうことで、子育てや子育ちを元気で心地よいものにしていこうというわけです。

徳江さんが中心となっている「しながわチャイルドライン」、三〇余年の歴史をもつ「品川こども劇場」、お母さんたちが編む子育て情報誌「ＳＫＩＰ」、子育てポータルサイト「てとてとねっと」、お産を語ろうという「お産バンザイ」、預かりあいの「あいあい」、自主サークル交流会の「はっぴぃトライアングル」、地域で人形劇やパネルシアターやお話の活動をする「でかばっぐ」、「おはなしどこでも隊」、「にこにこ☺ぽっけ」、障がい児の親の会「あおいそら」、若者たちの「あそんでいいとも！実行委員会」、就学前乳幼児教育施設「ぷりすくーる西五反田」、ＮＰＯの「子育て品川」……。歴史のある団体も生まれて間もないグループも、大きな組織も、たったひとりで運営しているけれどそれがあることがとってもうれしいグループも……（巻末資料参照）。

それぞれのグループのテーマは、みんな子ども・子育てに絡みながらも、集う、つなぐ、支える、遊ぶ、学ぶ、聴く、そして街づくりと、実に多様です。地域にはこんなにも子どもや親にやさしい人たちがいるんだなあと、改めて感慨をおぼえるつどいです。

「子ネット」会議。今や30団体を超える参加がある

「おばちゃんち」は、この「子ネット」の事務局を引き受けています。でも、「おばちゃんち」の下に団体・グループが集っているという関係ではありません。「おばちゃんち」も含めて、どの団体・グループも、みんなが水平な関係です。机を口の字に並べ、みんなで輪をつくり、和気あいあい、それぞれの活動について情報を共有しあい、知恵を出し合い、協働しあうものです。

「子ネット」会議は年に二回開催。そして私が「子ネット」会議におじゃまさせてもらったのも、この日は夏に開催された前回に続いての二回目です。この間の取材を通してだいぶ知った顔が増えていたので、この日は挨拶を交わす「おばちゃん」も多くなっていました。名前はわからないけれど、どこかで会ったなという「おばちゃん」もいます。会釈をしながら思いました。この人たちも、こういう場がなかったら、それぞれにいろいろな活動をしていても、互いに知らない同士だったかもしれない……と。ネットワークができて、直接触れあい、言葉を交わし合い、互いの活動を知り合うことを通して、仲間がいることを、力として、喜びとして感じているにちがいない……と。

第3章では、この「子ネット」に集う「おばちゃん」たち、つまり地域のあちこちでさまざまな活動を展開している「おばちゃん」たちの姿を通して、地域で人と人とがつながることの意味、地域に根を下ろして一人ひとりが自分らしく生きることの意味を探ります。

ここに登場する人びとは、三〇代ママもみんな「おばちゃん」。実際、街のすてきな「おばちゃん」的存在なのですから。

四児の母は子育て情報誌の核

いつ会っても周りがパッと明るくなる笑顔の武田さんは、しながわ子育てガイド「ＳＫＩＰ」編集委員会の中心メンバーです。そして小学校三年生の男の子を頭に四人の子どもをもつ子育てまっただ中のお母さんです。ある時はひとりをおんぶして左右に子ども、また、あるときは自転車の前後に子ども、そして背中にも子ども。と、こんなふうにいつも集団移動です。自転車の四人乗り姿はいかにも肝っ玉母さんですが、実は頭も心も非常にやわらかで繊細。子どもとふれあうときの表情や口調はとってもまろやかです。

四人もいたらさぞや大変？　と思ったのですが、話を聞いてみると、四人になった今よりも、二人目が生まれた頃のほうがずっとずーっと大変だったとのこと。「ママの大変さって、つまりこういうこと」という、以下のような話を聞かせてくれました。

上の子がひとりの時は、周りの子育てママたちと仲良くしてきました。ところが次の子を妊娠してお腹が大きくなってくると、他のママたちと一緒に行動することができない。

他のママたちは子どもの成長と共に日々自由度が大きくなっていくように見えます。一方自分はますます自由度が狭くなり、ひとりだけ置いていかれるよう。

生まれた後もそれは解消しませんでした。それどころか、自由度はもっと狭くなりました。孤独感、焦燥感は募るばかり。一番目の子と二番目の子の年の差は一歳半ですが、二番目の子はカンが強くてよく泣く子でした。そしておっとりした子だと思っていた上の子も、二歳が近づくにつれてだんだん怪獣と化して……。それはすくすくと成長している証そのものですが、お母さんにとってはダブルパンチ状況。辛い。苦しい。そんな思いの中にいました。

そんな苦しい状況が転換したのは三人目の時。今まで辛いと感じていたものも、ちょっと目線を変えて見るとその中に違ったものが見えてくる。と、そんな発見をしたのです。「託児つきの講座を受けてみよう。そう思って自分から外に出ていくようにしたところから流れが変わったかな」。武田さんはそんなふうに振り返ります。

子どもが二人の頃、武田さんは大田区に住んでいました。大田の社会教育学級に「おおたde子育て」という子育て情報冊子づくりの講座があり、武田さんはこれに参加しました。講座に参加すると冊子の完成という実りが得られます。ちょっとうれしい体験でした。

この大田の情報冊子をつくる過程で、品川のお母さん、吉仲さんと親しくなりました。

吉仲さんは「私は子育て情報のメッセンジャー」という、情報をつなぐことが得意な人です。また、情報を得たら直ちに行動する人です。区内、区外を問わずにどんどん出かけていく、行動的なお母さんです。

自分が得た情報はより多くの人に伝えたい。吉仲さんは、最初は母親学級で一緒だったお母さんや児童センターで知り合ったお母さん仲間に、「子育て関連のこんな講座があるよ、こんなイベントがあるよ」と、個別にＥメールを送っていましたが、人のつながりが増えると共に情報の送り先が増え、六年ほど前からはメーリングリストを始めました。それが「リンクマム」です。今、「リンクマム」に登録しているお母さんは一〇〇名近くいるそうです。吉仲さんと知り合って、武田さんもメーリングリストの仲間入りをしました。

縁というのは不思議なもの、おもしろいものです。武田さんは、二〇〇四年に品川に引っ越してきました。さっそく吉仲さんから情報が入りました。「品川でも、冊子づくりが始まるよ。今、受講者募集がかかっているよ」と。「おばちゃんち」主催による品川区の委託学級「パパママ視点の子育てガイドブックづくり」が始まろうとしていたのです。

武田さんはこのとき、第三子が生まれたばかりでした。武田さんは元々書くことが大好きです。この講座が保育付きというのもうれしいことでした。大田区の経験から「また、楽しい思いをしたいな」という気持ちで受講することにしました。吉仲さんも参加です。

こうして、品川におけるお母さんたちの子育て情報誌づくりが始まりました。

講座が始まったとき、やっとくびがすわったかなという月齢だった武田さんの第三子も、「ＳＫＩＰ」と名付けられた最初の冊子が完成したときは一歳近くになっていました。そして引き続いて取り組んだ「ＳＫＩＰ」の次の号が完成した時には四人目が生まれていました。子どもだけでなく、「ＳＫＩＰ」も成長しました。内容も、その基盤も……。誕生した「ＳＫＩＰ」は自立的に継続発行ができるようにと、定価を二〇〇円とし、その販売収入で次号資金をつくるという仕組みも確立しました。

メンバーは少しずつ入れ替わりをしながら、みんなだんだん経験を積み、自信をつけていきました。自分たちがしたいこと、地域のお母さんたちに伝えたいことも膨らんできて、「ＳＫＩＰ」の増刊号である「コソダテ系　自主グループ Map in しながわ」もつくりました。この「ＭＡＰ」づくりのときは武田さんは代表となっていました。そして、みんなの思いと情報をいっぱい盛り込んだ「ＭＡＰ」は、第一四回マイタウンマップ・コンクールで厚生労働大臣賞に輝いたのです。

マイタウンマップ・コンクールで厚生労働大臣賞を受賞

情報メッセンジャーは「ＳＫＩＰ」誕生の立役者

「おばちゃんち」が子育て情報の冊子づくりを主催したそもそものきっかけは、吉仲さんにありました。「おばちゃんち」では、カナダ生まれの子育てプログラム「完璧な親なんていない」（「Nobody's Perfect」）の普及活動をしています。参加者であるお母さんたちとファシリテーターを務める渡辺さんとが、生活のこと、親としての役割などについて、一緒に見つめ合い、考え合うという、この学びの講座は、初回は児童センターの主催で、二〇〇三年に行いました。吉仲さんはその第一期生です。後から紹介する高橋さんも西山さん（仮名）も、同じく一期生仲間です。

この「完璧」の講座の中で、吉仲さんがこんな話をしました。大田区のような形で品川でも子育て情報誌づくりができたらいいなと思って、役所の生涯学習課に行って相談してみたというのです。ところが、「やりたければ自分で企画してやってください。ただ、それをするのには登録団体になる必要があります。企画が通れば講座にお金が出ますが、登録団体になって一年以上というのが条件です」と言われてしまった。冊子づくりには紙代、印刷代と、どうしてもお金がかかる。自分一人ではとても無理。あきらめるしかないのかなあ……と。

　実は吉仲さん、前々から公園マップをつくりたいと思って、自分であちこち写真を撮ったりして掲載の素材を用意していました。また、大田区の子育て情報誌をはじめ、他地域の子育て情報誌や子育てマップなど、関連資料も集めていたのです。でも冊子づくりはひとりではどうにもなりません。

　その話を聞いた渡辺さん、「それなら『おばちゃんち』主催で実現しましょうよ」と、品川区の社会教育委託学級として「講習会」を行うことにしたのです。幾島さんが素早く動いて、大和証券福祉財団の助成金も得られました。こうして講習会の参加者が実際に情報誌づくりに取り組むという形が実現しました。吉仲さんの思いを「おばちゃんち」がつないで、情報冊子づくりが始まったのです。そして、武田さんは吉仲さんに声をかけてもらって参加したというわけです。吉仲さんはといえば、念願かなって品川で子育て情報誌がつくれることになったのですから、もちろん、大奮闘です。

　ところで、吉仲さんが「完璧」の講座に参加したのは、お子さんが三歳のときでした。

3000部発行。区内のさまざまなところで購入できる

でも、実はこの講座の参加対象は「初めてのお子さんが三歳未満」となっていたそうです。ほんとうは参加できなかったはずなのですが、第一回目だったので、児童センターの職員さんも「ま、いいでしょう」とおまけして入れてくれたらしいのです。もしも吉仲さんが「完璧」の講座参加を断られていたら、「おばちゃんち」との出会いはなかったかもしれませんし、吉仲さんの情報誌への熱い思いを渡辺さんが聞くこともなかったかもしれません。とすると、「ＳＫＩＰ」も生まれていなかったかもしれませんし、武田さんが「おばちゃんち」と出会うこともなかったかもしれません。縁はやっぱりおもしろいものです。

息子が話を聞いてもらえる人が地域にできた

冊子づくりを通して武田さんが得たもの。それは「仲間ですね」。武田さんは深く頷きながらそう言います。吉仲さんなど、冊子づくりを共にした仲間たち。そして「おばちゃんち」の保育スタッフの面々。「矢内さんとか、長山さんとか、村上さんとか、顔の見えるおばちゃんたちに何回も子どもの保育をしてもらいまし

「ＳＫＩＰ」発行のとりくみは、てとてとねっと開設とともに新聞にもとりあげられた

た。自分以外の人に子どもを知ってもらうことで、どれだけ肩の力が抜けるか……」。「SKIP」と関わり、その活動で得た仲間たち、「おばちゃんち」の人びととの関わりを通して、武田さんはそのことを知ったといいます。

武田さんは、子どもが四人になったとき、ふっと考えたそうです。「私が今、死んじゃったらどうなるんだろう」と。いざというとき、子どもにすべきことをしてくれる、怒ってくれる、それをする人がいなかったら困るだろうな……と。そう考えたとき、みこちゃんや矢内さんの顔が浮かんできたそうです。「人生で困ったことがあったらみこちゃんに聞きなさい。矢内さんに、長山さんに聞きなさい」。そう言えばいい。地域があれば大丈夫。仲間がいるから心配ない。そう言ったあと、「もちろん私は百歳まで生きるつもりですよ」と武田さんは注釈をつけて笑います。

やがて息子や娘が中学生になり、難しい時期に入って、自分ではどうにもならなくなったようなときも、今、「ホットほっとHOT」で遊んでもらっているヤングスタッフの尚樹君や留美ちゃんたちが、きっと相談にのってくれるだろうな。そんなふうに人とつながっている自分、地域とつながっている自分に気づいたそうです。

以前は地域の必要性を感じることなどまったくなかったという武田さん。子どもには親さえいればいい、と思っていたそうです。必要なものがあればコンビニやスーパーに行けば何でもすぐ手に入る。地域の八百屋さんは高いばっかり。そう思っていたそうです。でも、「ＳＫＩＰ」づくりをし、さらには「品川子育てメッセ」の活動をするようになって、地元のお店が子どもや子育てに果たしている役割や意味に気づかされたと言います。

コンビニの店員はアルバイトだけれど、地元のお店にはいつも同じおじさんやおばさんがいる。だから子どもにおつかいを教えたいときもちゃんと受け止めてくれるし、通学路で毎日そこを通れば、目もとどかせてくれる。仲間が「子育てメッセ」のパンフレット広告を商店街の人たちからもらってきて、初めてそのことに気づいたという武田さんです。

「先週はお祭りがあってね。うちの子たち、山車を引っぱって、お振る舞いをいっぱいいただいたんですよ。うちは四人いますからね、『ほんとうにすみませんね。子どもがいっぱいいいただいちゃって』って言ったら、町会のお世話役のおばさんがね、『町会が子どもに奉仕するのは当たり前よ。それを感じてくれてるんなら、あなたがいつかまた町会に奉仕してくれればいいから』と言われてね。ああ、つながっているってこういうことかなって……」。

「『おばちゃんち』との出会いがなかったら、きっとドンキホーテとかで買い物して、ヨーカドーの子どもルームを利用していたと思うんですよ。でも同じ子連れで利用するのでも、『みこちゃんち』とヨーカドーの子どもルームとは、内容もつながりもまったくちがうじゃないですか。そういうことに気づき始めたばかりですけど」。

武田さんは情報誌づくりをしながら、次第に情報への責任についても考えるようになってきたと言います。また、自分は四人の子育てを精いっぱい頑張って、他の人からベテランお母さんと言われることがあるけれど、経験を重ねればそれでベテランなのか、いやひとりでもていねいに育てている人もいると、そんな自問もするようになったと言います。「おばちゃんち」の保育スタッフのみんなが心を砕いて子どもに接してくれている姿を見るにつけ、これまで母親が子どもを見るのが一番と思っていたけれど、ちょっと違うかな、保育って何だろうと、そんなことも考えるようになったと言います。

そんなあれこれを考えるうち、「おばちゃんち」の保育スタッフのもっているものを学んでみたいな、保育にチャレンジしてみよう、とそんな気持ちも膨らんで、さっそく「おととい保育士試験を受験してみました」と武田さん。どんどん足を踏み出す武田さんです。でも何の準備もなしのいきなり受験はやっぱり無理。プロのハードルの高さも見えました。「しっかり勉強してまた、チャレンジします」と、頼もしい再チャレンジ宣言です。「ＳＫＩＰ」を通して仲間を得、自分と向き合い、自分で感じ、考え、行動しながら、いつしか街の「おばちゃん」のひとりになっている武田さんです。

「子育て仲間＊はらっぱ」と「ニッコリータ」

東急目黒線の武蔵小山駅から一〇分ほど。住宅街の一角に「荏原ほっとサロン」があります。「あかちゃんからじーじばーばまでのサロン『ニッコリータ』」は毎週火曜と水曜に、ここで開催されています。「ニッコリータ」を運営しているのは、お母さんたちのグループ「子育て仲間＊はらっぱ」です。私が訪ねた日は、親子が一〇組くらいいたでしょうか。それぞれにお母さん同士、おしゃべりしたり、子どもと遊んだりと、なごやかに過ごしていました。

私もちょっと仲間入りを……と、赤ちゃん連れのお母さんの近くに腰を下ろし周りに会釈をすると、赤ちゃんをあやしていたお母さんがさっそく笑顔で声をかけてくれました。「抱っこします？」。なんとうれしいご挨拶でしょう。ここを居場所とするお母さんから来訪者へのやさしさのプレゼントです。小さくてやわらかな赤ちゃんを抱っこをさせてもらい、こんなふうに迎え入れてくれたお母さんの心遣いと赤ちゃんのぬくもりに胸をほかほかさせながら、いったいここはどういうところなんだろう？　と、大いに好奇心を刺激されて、私は改めてぐるりと周りを見回しました。

この「荏原ほっとサロン」は品川区社会福祉協議会のボランティア事業スペースです。ゆったりとしたカーペット敷きのスペースがあって、一隅にはキッチンもあって、少し広いＬＤＫのような感じです。このスペースを地域のいろいろな団体で日替わりで活用してもらうことを考えていた社会福祉協議会から、『「おばちゃんち』も、一日か二日、子育て関係の〝ひろば〟をしませんか」と声がかかりました。二〇〇五年のことでした。

と、ここから子育てひろば活動の「ニッコリータ」が始まったわけですが、現在、この「ニッコリータ」を運営しているのは、前述のように「おばちゃんち」ではなく、高橋葉子さんを中心とするお母さんのグループ「子育て仲間＊はらっぱ」です。「おばちゃんち」と「ニッコリータ」と「はらっぱ」。そのつながりと発展の物語は、そのまま「おばちゃんち」の姿でもあります。

「子育て仲間＊はらっぱ」は、高橋さんを中心に、産後のお母さんたちを支援する講座を以前から地道に行ってきました。「ボールエクササイズ」をしたり、助産師さんを講師に招いて産後ケアの講座や相談会をもったり、お母さんたちがひとりの人として語り合う

お母さんたちが運営する「ニッコリータ」

場である「はらっぱカフェ」というつどいも行っていました。でもその当時は活動の拠点がないため、児童センターを借りたり、文化センターを借りたりと、ジプシーのような形で活動をしていました。

児童センターでは「この場所は占有できないんですよ」と言われたり、文化センターでは一二時になると「掃除が入るから出てください」と言われてしまったりという具合で、どこも居心地がいいとはいいがたいのが悩みでした。それでもジプシーを続けながらコツコツとこの活動を持続させている。そんな状況でした。

ちょうどそのようなときに、渡辺さんに「荏原ほっとサロン」の話が寄せられました。荏原は高橋さんのエリアです。渡辺さんから話を聞いた高橋さんが「ここだーっ」と思ったのは言うまでもないでしょう。まずは「おばちゃんち」が窓口となって引き受け、「おばちゃんち」が高橋さんたち現役ママと共に運営に当たるという形で「ニッコリータ」がスタートしました。「おばちゃんち」にとっては、「ホットほっとHOT」が第一のひろば、「みこちゃんち」が第二のひろば、そしてここ「ニッコリータ」は第三番目のひろばということになります。

こうして「おばちゃんち」と「子育て仲間＊はらっぱ」とが協働する形でスタートした「ニッコリータ」。活動の中心は「子育て仲間＊はらっぱ」の現役ママたちです。そして「おばちゃん」たちは、一歩後ろにさがってサポーターの役割に徹する。こんな形でニッコリータは歩みはじめました。

「ニッコリータ」には地域のいろいろな親子がやってきます。中には安心のスペースでほっとして、子どもからすっかり目を離してしまう親もいます。「こんなときはどうすればいいのかしらね」。そのつど、みんなで話し合いながら、「はらっぱ」の仲間たちは「ニッコリータ」のあり方、自分たちのあり方を探っていきました。渡辺さんや矢内さんも参加しての話し合いです。

自分の子にもよその子にも目を配り、気配りをする。それはお母さんたちには経験のないことでした。慣れないうちは大変さもありましたが、そんな関わりを自ら経験しているうち、我が子と同じようによその子もかわいくなってくる。あの子もこの子もいとおしい。と、そんな具合になってきました。関わりのあり方は、こんなふうに人の気持ちも変えていきます。その空気は、そこに集う人たちみんなを包みこんでいきます。仲間同士で「預かりあい」もできるようになりました。その快さを知ってしまえば、我が子がここにもそこにもいるようで、また我が子のことを思ってくれる親戚のおばちゃんのような人があそこにもここにもいっぱいいるようで、お母さんたちだってうれしいもの。支援する人もされる人もない、一緒に生きる関係が育っていきます。

半年もすると、「おばちゃんち」のサポートはほとんどいらなくなりました。もう高橋さんと仲間たちで充分やっていけます。そこで「おばちゃんち」は「ニッコリータ」の運営を「子育て仲間＊はらっぱ」に全面的に任せることにしました。独り立ちです。地域の親子が集う場をママたちのグループ「子育て仲間＊はらっぱ」が支え、構築していく。そんな力が育ったのです。今度は若いママたちらしく、自分たちらしく発展させる番です。最初に私が出会ったお母さんの心遣いは、そんな「今」の姿ということでしょう。

育児に向き合える体力や対応力をつけよう

「子育て仲間＊はらっぱ」の中心になっている高橋さんは、小柄できゃしゃで、どちらかといえば控えめな印象の人です。

「おばちゃんち」の仲間には絵が描ける人が何人かいますが、高橋さんもそのひとりで、みんなで会話をしていると、話の内容をサッサッとイラストにしてしまうすばらしい才能の持ち主です。実は「おばちゃんち」のパンフレットの絵も、高橋さんが描いたものです。赤ちゃんから高齢者までが世代を超えてふれあい、暮らせる「街」のぬくもりを感じさせるパンフレットのこの絵は、おそらく高橋さんの思いそのものでしょう。

高橋さんは、産後セルフケアインストラクターの仕事をもっています。高橋さんには二人のお子さんがいますが、二人目が生まれてから「はらっぱ」活動を始め、その中で「産後ケア」に出会い、指導者養成の講座を受講し、この仕事をするようになったとのことです。以来、産後セルフケアの指導者として、産後の女性の心と体の健康のためのプログラムを提供するクラスを開いています。高橋さんの「産後のセルフケア」の産前産後クラスには、品川区内だけでなく、近隣の大田区や世田谷区からも、遠くは神奈川県の藤沢市から通ってきた人もいるそうです。

「育児が大変」と言われる現状とその中での「お母さんたち」について、高橋さんはこう言います。「育児はたしかに大変です。でも、お母さんが『育児はつまんない』とか『疲れる』とか『ストレスだ』とか、そんなふうに自ら外に発信しちゃうなんていうのは夢がないじゃないですか。ちゃんとそこに向かい合えるような体力をつけたり、現実のひとつひとつに対処できる力をつけていきたいですよね。先は長いんだから、自分の力をつけていかないと、自分が苦しいだけだと思う。私は、こういうふうにしたらもっと楽になるんじゃないかなとか、これは考え方を変えられるんじゃないかなとか、それはちょっと思いこみじゃないかなとか、そんなことが伝えられたらいいなあと思ってます」と。実は高橋さんもひとり目の子育てのときは、とっても辛かった日々があったようです。そんな経験もあって、後から続く人たちには、そんなふうになってほしくないと言うのです。

例えば産前のクラスでは、お産のことで頭がいっぱいでなかなか産後のことにまで思いが及ばない妊婦さんたちにこんなことを言うそうです。「ご飯をつくる、洗濯をする、上の子の面倒をみる、掃除をする。産後にこれを誰がやるのか、家族と打ち合わせをして決めておかないとだめ。できない部分はサポートの人に来てもらおうというように……」。それらをあいまいにしたまま産後を迎えると、やってくれると思っていた人がそうではなかったりして、実家のお母さんとけんかになったり、夫への不満感を大きくしたりと、人間関係が崩れてしまったり、イライラのはけ口が上の子にいってしまったりと、そんな状況を招く心配がある。そうしたことをていねいに伝え、サポートしていくというわけです。

高橋さんは、こんなことも言います。子育て支援の場などで「『○○ちゃんママ』と、ひよこの名札を付けさせられたりするのには、何かちょっと違和感を覚える……」と。「私は大人ですよ」。妊婦も幼い子をもつ母親も、ひとりの人間として、自立した大人の人間として、凛として生きていけるよう、自分自身を磨いていきたい。と同時に、社会もまた、母親を人として尊重する社会であってほしい。ふっともらしたひよこの名札への一言から、高橋さんのそんな気持ちが伝わってきます。静かな口調の中に、熱い思いや強い意志が感じられます。

お産と御神輿には共通世界がある

「お産オタク」を自称する多田野さん（仮名）。彼女は今、「ニッコリータ」と品川宿「おばちゃんち」で、「お産バンザイ！」の活動をしています。「お産バンザイ！」とはどんな活動なのか。それを語るより前に、そもそも何で多田野さんは「お産」にはまったのか。まずはそのあたりから話を始めなければいけないでしょう。

多田野さんにとっては、自分が妊娠するまでは、自分の身体のことや、妊娠・出産、子どものことなどは、遠い遠いところのことだったようです。特別子どもをもちたいとも思わなかったし、縁があればそのうち来るだろうぐらいにしか考えていなかったそうで、妊娠がわかったときは、「じゃ、今年の旅行はどうする？」というのがまず頭に浮かんだとか。それが三五才の時です。どうやら多田野さんはバリバリの仕事世界人だったようです。

さて、妊娠・出産のお勉強をしなければ……。では本を読んでみようと、インターネットで検索し、一番にヒットした本が開業助産師さんの書いた本でした。妊娠についての知識がまったくなかった多田野さんは、手にした本に書かれている助産院のお産が少数派であることをまったく知りませんでした。その本に書かれているように、自然に経過を見守るのがお産のレギュラーなのだという知識が、土台としてすんなり入ってしまったとのことです。

そのうち、周辺のいろいろな人の話も入ってきて、お産というのは大変なんだぞ、辛いものなんだよ、という情報も耳にすると、今度はだんだん恐くなってくると共に、その一方で、「そんなの変じゃないの」という納得できない気持ちもムクムクわきおこってきて、「ほんとうのところ、お産って何?」と、だんだんお産の探求にのめり込んでいきました。つまり「お産オタク」の道にいつしか入り込んでしまったというわけです。

入り込んでみると、そこには女性の生き方とか、人のあり方とか、命とか、自然と人間の関係とか、奥深いテーマがいろいろ見えてきます。たかが出産ではあるけれど、出産を深く見つめ、深い活動をしている人が、たくさんいることにも気づかされました。

多田野さんは、「お産がすごい好き」と言います。「何度でもいい。『分娩だけは代わらせて』というくらい好き」だと言います。妊娠中の不安定な感じも、分娩の崖っぷちで助けが来ないみたいな感じも好きだと言います。

小さい頃、海でひとりで遊んでいて、大波がワーッと覆い被さってきて、「でも逃げないぞ」というようなワクワクするような、恐いような気持ち。そして乗り越えた時のホッとした気持ち。お産はそれにとっても似ていると言います。

御神輿担ぎにも似ていると言います。多田野さんは実はお祭り大好き人間。御神輿も担ぐのですが、お産は大きな御神輿に挑戦するときの気持ちにも通じるというのです。御神輿も、担ぎに入ろうというときは、危ないとか、恐いとか、不安材料があるのだそうです。頑張って入ろうとしてもダメなときはダメ。ところが入れるときはまるでそこだけスポットライトが当たったように、パッと前が開いてすっと入れる。木の実が熟して落ちるように、時期みたいなものがある。向こうからすっとチャンスがやってくる。そんなところが分娩とよく似ていると言います。

御神輿を担いで練り歩いてもみくちゃになっている中での興奮も、その中でちっぽけな自分に気づくところも、喧噪の中にありながら自分の中にはふっと静寂が訪れ、冷静に自分と向き合ったりするところも、お産と御神輿には精神世界に共通する部分があるように感じると彼女は言います。

そんな彼女の初めてのお産は、思っていたのとは違う部分もありましたが、それはそれはすばらしく感動的なものでした。命が初めて誕生するときはあたたかい助産師さんの手で……と思っていたのだそうですが、間に合わず自宅での分娩となり、実際に来てくれたのは救急隊のおじさんでした。キリストの三賢者のように三人のおじさんが手助けして赤ちゃんを迎えてくれました。生まれたばかりの赤ちゃんは、ちょこっと座って真っ黒な目できょろきょろまわりを見回していました。へその緒がたすきのようにかかっていて、おじさんたちにそれをほどいてもらっていたので、それで座っているように見えたのでしょう。お地蔵さんがうちにやってきた。多田野さんはそんなふうに思ったそうです。

命の感動が私の価値観をひっくり返した

お産の最中も、声が出ているから息をはいているから大丈夫、などと思う冷静な自分がいたり、宇宙からいろんなものが集まって来るような感覚にとらわれたりと、それは今まで経験したことのない精神世界を体験したもので、その体験も、赤ちゃんとの対面も、実に感動的なものでした。

みんなそうなんだろうと思っていたところが、他の人の話を聞いてみるとそうでもないことに気づきました。お産は辛いもの、苦しいもの。一回か二回のその経験で、それがお産のすべてのように思っている人が少なくない。もうこりごりだと思っている人もいます。それはとっても残念なことではないか。他のお母さんたちとお産の話をするうち、多田野さんの中にそんな気持ちがだんだん大きくなってきました。

さて、一人目が生まれた後は、育休が終わって職場復帰。保育園はいっぱいで入れず子どもは待機児童となり、半年間はおばあちゃんに預かってもらいました。半年たって保育園に入園してからは送りはお父さん、迎えはおばあちゃんという、チーム育児となりました。その中にあって、多田野さんひとりバリバリ働くという構図です。何しろ多田野さんは企業の有能社員ですから、復帰した以上、バリバリ働くのがいわば当たり前だったのです。

保育園の先生とは連絡帳でしか会ったことがありません。それはちょっと寂しいな。ほんとうは子どもともっと関わりたい。仕事も辞めてもいい。そんな気持ちになっていた多田野さんでしたが、「いやいや、仕事はいつでも辞められるから」と、踏ん張って仕事人間を続けていました。

と、そんなとき、次の子の妊娠がわかりました。出産後一年半。最初の子が保育園にようやく入れたというときです。多田野さんも三七歳。最初の妊娠のときは、仕事が「できる」多田野さんとしては「できない」と言われたくない気持ちがあって、ハードな残業もこなしてきました。でも出産を経て、命のすばらしさに打たれた後であるこのときの多田野さんには、もはや社会的地位も企業社会での成功も色あせてみえるようになっていましたから、仕事の都合よりも自分の身体や生まれてくる命を大切にするほうをとりました。

実は多田野さん、子どもが生まれる前は、派遣会社から子持ちの派遣さんが来ると、「子どもが熱を出しました」と帰る、「子どもの幼稚園の行事です」と休みをとる。そうすると仕事がはかどらない、任せられないと、いっぱい文句を言っていたそうです。「私、冷たい人だったんです」。すまなかったなあという思いを込めて、お産が自分の価値観をひっくり返してしまったことを語ります。

下の子の産後は育休をとり、最初は職場復帰する予定でいましたが、最終的には復職しないという結論にいたりました。仕事人間にならなければ、その仕事を続けられない現実の中での結論でした。その育休中に、彼女が言うところの「御神輿」のように、あるいは「お産」のように、道が開けるようにすっときっかけが訪れました。

ユニクロの帰りに「みこちゃんち」に寄ってみよう

多田野さんと同じ時期に育休を取っていた友人の三村さんは講座が大好き。休みに入ったので、ここぞとばかりにせっせと講座に出かけていました。ちょうどその頃、「おばちゃんち」の渡辺さんがファシリテーターをつとめる「完璧な親なんていない」の講座が行われ、三村さんは参加したのです。でも多田野さんは参加型のプログラムは苦手なほうだし、「完璧な親なんていない？　そんなの当たり前じゃん」と全くその気はなく、参加しませんでした。

この「完璧」の講座は、講師が一方的にレクチャーする形ではなく、参加者の中から問題を引き出し学びあう形。参加者は互いに深く結びあうこととなります。そうして三村さんが一緒に学びあった仲間にあけみさんという人がいて、そのあけみさんがやっている英語の手遊びの会に「一緒に行こうよ」と、三村さんから多田野さんにお誘いがありました。

あけみさんは高橋葉子さんたちと「子育て仲間＊はらっぱ」の活動をしていました。この英語の手遊びの会も「はらっぱ」主催のワークショップでしたが、近くあけみさんが引越をするというので、その日はあけみさんのワークショップの最後の日で、高橋さんも来ていました。三カ月の赤ちゃんをベビースリングで抱っこして行った多田野さんに、「そのスリングすてきですね。何カ月ですか」。高橋さんはそんなふうに語りかけたということです。

それからしばらく後、また、三村さんが「こういうのあるわよ」と、「おばちゃんち」のホームページをつくる講座の話をもってきました。「おばちゃんち」が子育て情報冊子と二本立てで行った講座です。多田野さんは以前、ＩＴ関連の仕事をしていたことがありますから、パソコンはできるし、ホームページもそこそこつくれますが、あまりその気にならなかったので、この話はそれっきり。放置となりました。

と、またまた三村さんからお誘いがありました。渡辺さんが大崎で「みこちゃんち」を始めたので、そこに一緒に行こうというのです。どうやらまだ始まったばかりで人が来ないので、来てほしいということらしいのです。多田野さんは、自分にはそのニーズはないし……と、積極的に行こうとは思わなかったそうですが、五反田のユニクロに行った帰りに「寄ってみようか」という三村さんに、いわば連れて行かれたような形で行ったというわけです。

行ってみたら、これがすばらしい。お茶をいただいたり、お素麺をいただいたり。「おばちゃん」たちが赤ちゃんを見ていてくれます。「こういうことはどうなんでしょうねえ」と相談すると、「こうしてみたら」と実にていねいにやさしくアドバイスしてくれます。ちょっと赤ちゃんがぐずると、「おばちゃん」たちが赤ちゃんを取り合ってあやしてくれるほどやさしい。「今まで出会ったことのないジャンルの人びとに出会った」という多田野さん。思いがけず、まことに気持ちのよい経験をしました。この日、「みこちゃんち」にいた「おばちゃん」とは矢内さん、そして島村さんでした。

そうこうするうち、渡辺さんが高橋さんを伴って帰ってきました。この日はホームページ講座があった日で、講座が終わって帰ってきたのでした。高橋さんは「みこちゃんち」は、この日が初めてでした。この頃ジプシーで苦労していた高橋さんは、セルフケアのワークショップが「みこちゃんち」でできるかどうか、見に来たのでした。

高橋さんは多田野さんの姿を見るとすぐ「あ、この間、お会いしましたね」と、語りかけてきました。多田野さんは忘れていましたが、ああ、あのときのあの人だったんだと、それからお互い自己紹介が始まりました。高橋さんの産後のセルフケアの話を聞いて、お産オタクの多田野さんは共感。二人はすっかり意気投合。さっそく数日後の平塚児童センターでのバランスボールの講座に多田野さんは参加させてもらうことになりました。

「私たち、友達じゃなくって仲間だよね」

平塚児童センターに行くと、そこには八神さんがいました。ここにも多田野さんと「おばちゃんち」との出会いがありました。多田野さんと「おばちゃんち」との糸が、あっちでもこっちでも絡み合い始めていました。

講座が終わり、片づけを手伝いながら、多田野さんは上の子のお産のときからずっと自分の中で思い続けてきたことを高橋さんに話しました。そして「何かしたいのだけれど、何をどうしてよいのかわからない……」と。すると高橋さんが、「じゃあ、やってみたら。やってみているうちに、いろんな人とつながって、きっとおもしろいよ」と言ってくれました。これが多田野さんの「お産バンザイ！」の起点であり、「おばちゃんち」との出会いの始まりでした。「子育て仲間＊はらっぱ」の高橋さんとの出会いは多田野さんにとって、とても大きな大きな出会いでした。

「おばちゃんち」のホームページ講座には参加するつもりのなかった多田野さんでしたが、高橋さんも参加していると聞いて、それでは私も行ってみようかということになりました。もう既に講座は始まっていましたが、二回目から多田野さんも参加することにしました。多田野さんは元ＳＥ（システムエンジニア）ですから、プロ中のプロ。みんなのサポートができればいいかなと、そんなつもりでの参加でした。

こうして始まった「おばちゃんち」のホームページづくりは、途中でホームページから子育てポータルサイトへと方向が変わりましたが、とにかく「しながわ子育てポータルサイト　てとてとねっと」ができました。二〇〇四年一二月です。「てとてと」は「手と手と」の気持ちを込めて。

企業社会では目標があって、結果があって、そして評価がされます。多田野さんは、これまでそういう社会で暮らしてきました。仲間と共に取り組んだホームページづくりの活動は、これとはまったく異なるものでした。いろいろな人がいて、いろいろ回り道も混乱もあって、達成してみたら目標とかなりずれていて……。でも共感があり、喜びがあり……。目標からかなりずれた結果となっていたとしても、その積み重ねに大きな意味がある。仲間との日々の中で、そう思うようになったと多田野さんは言います。

多田野さんは「てとてとねっと」の代表になりました。最初の参加意識とは変わって責任感が出てきました。そんなわけで「お産」のほうは少し後に回ることになりましたが、人のつながりも余裕もできてきた二〇〇六年の秋から、「お産バンザイ！」も始まりました。

月一回、「ニッコリータ」で「お産のこと、はなしませんか」を開催。そして翌年には品川宿「おばちゃんち」でも始めました。「お産の話を通して、あ、自分と同じだと、共感したり、へー、そういうのもあるんだと、自分のポジションを知ったりすることで、それが自分と子どもの関係を考え直すきっかけになるんじゃないだろうか。地域に雌の文化のようなものがあったほうが子どもたちが育まれやすいんじゃないだろうか」。そんなことを思いながら、多田野さんは活動の歩みをすすめていきます。

今、多田野さんは請負でホームページづくりをするなどパートタイムで働くお母さんで

ホームページ講座。ここから「てとてとねっと」ができる

す。そして「ニッコリータ」で高橋葉子さんを手伝い、「てとてねっと」をやり、「おばちゃんち」の事務局の仕事もしています。

多田野さんは「おばちゃんち」の人びとを指してこんなふうに言います。「ここの人は止まっていない」と。いつも前に向かって楽しげに歩を進めていく「おばちゃん」たちに、自分と響きあうものを感じています。また、「ここで私は子育て仲間のような人たちに出会った」とも。「高橋葉子さんがね、私たちは友達じゃないよね。仲間なんだよねって言ったんですよ。仲間っていうのはもっとデコボコしてる。目標があって苦楽を共にして、そういう中を一緒に切り抜けてきたんだという……。テーマがあってつながっているという部分があるのかな。深い感じ。そっちを見なくても見えてるような安心感。信頼感」。

人と人とのつながりが確かな結び目をつくる。確かな結び目があるから、そこを起点に新たなつながりをつくり、また新たな結び目をつくり、新たな模様をつくる。多田野さんの言葉のひとつひとつに気持ちがにじみます。

「鉄ちゃん」のママと「あおいそら」

小河原さんとは、陽射しがあたたかくなってきた三月の日曜日、ＪＲ五反田駅に隣接するカフェで会いました。生後五カ月の赤ちゃんを抱っこした小河原さんは、カフェに入るとそのまままっすぐどんどん進んで一番奥へ。あれっ、そんな奥にテーブルはないんじゃないのと思っていると、電車のホームが見えるところまで行って、「ほら、電車いたねー」と、抱っこの赤ちゃんに語りかけていました。

小河原さんのお子さんは二人。この日はお兄ちゃんはパパとお留守番です。そのお兄ちゃんが「鉄ちゃん」（電車好きの人のこと）なのだと、何かの折りに「おばちゃん」の誰かから聞いたことがあります。なるほど、鉄ちゃんのお母さんは見事に鉄子さん。なんてすてきなママなんでしょう。

小河原さんは「子ネット」にも参加している「あおいそら」というグループの代表です。「あおいそら」は地域の子どもたちの発達や障がいを考え支え合うための親の会です。「でも、とぎれとぎれの活動なんですけど」。小河原さんはそんなふうに言います。

小河原さんのお子さんは〇歳のとき、障がいがあることがわかりました。児童センターの職員さんが「他にも障がい児をもつ先輩ママがいるから、集まってみたら」と、自主グループの立ち上げをすすめてくれました。職員さんが何人かに声をかけてくれて、二〇〇三年に最初の集まりを持ちました。

まず、グループの名前を考え、続いてこの会ではどんなことを話し合おうかというようなことを話し合いました。その話し合いの中で小河原さんが気づいたのは、普通の子育てでも一人ひとりみんな違うけれど、障がいをもっている子の子育てというのはもっとそれぞれに違うということ。障がいによっても違う。年齢によっても違う。家庭によっても違う。抱えている悩みや心配も、今解決する必要がある問題もそれぞれみんな違うのです。普通の子育ての何倍も何倍も違う。そのひとつひとつが切実なだけに、違いの大きさが際だちます。「こんなに違うんだ」。小河原さんはまずその事実に直面しました。「今になって考えれば、共通点もあるんですよ。でも、そのときはわからなかったんですね」。

先輩ママたちが参加してくれたのはうれしかったのですが、二歳児をもつ小河原さんと先輩ママたちとでは、会への参加のスタンスには微妙な違いがありました。子どもが成長して、小学校に行くようになれば小学校での問題があるし、中学校に行けば中学校の問題があります。小学生のママは小学校の問題が、中学生のママは中学や高校やその先の問題が気になります。これは障がいのあるなしに関わらず子育ての共通した問題なのでしょう。ベビーカーを押さなくなれば、多くの親が道路の段差をあまり気にしなくなるというのと同じことで、どうしても我が子が今直面している問題が大きな関心事となります。

先輩ママたちは一足後ろから歩んでくる後輩に、「がんばってね」と声援を送るような気持ちで「あおいそら」の立ち上げには参加してくれましたが、活動の継続というところまで「共に」とはならなかったようです。

そんな流れの中で、いったんは休会しましたが、小河原さんは二〇〇五年に再開しました。児童センターという場所がありましたし、応援してくれる職員もいました。子どもも少し大きくなっていました。

「あおいそら」の小河原さんがとりくんでいるアトリエ活動

再開といってもひとりですから集まるわけではないのですが、「やっていいよ」「つかっていいよ」という感じで、児童センターの職員さんはお母さんの自主活動をあたたかく支えてくれました。ふらっと行って片隅で書き物をする。そんなＳＯＨＯのような形での「あおいそら」活動をすることができました。児童センターでそんな形で活動をするうち、「ここで私にできることを……」と、小河原さんは、職員と一緒に子どもたちと絵を描く活動も始めました。幼児親子のアトリエ活動です。小河原さんは元々は美術が専門ですから。

「あおいそら」は障がい児の親の会として発足しましたが、少子化社会の中のさらに少数派である障がい児の中だけで活動するというのではなく、地域の子どもたちみんなの育ちに関わりたい。小河原さんはだんだんそんなふうに考えるようになっていました。「私が子どもを産んでから成長しているということと同じように、活動も変化していくもの」というわけです。

障がい児の親が抱える問題をひとつひとつ親と一緒に考えるのも「あおいそら」の活動、幼児の親子と一緒に絵を描くのも「あおいそら」の私がやっている活動。そんなふうに、小河原さんは、自分の気持ちのままにできる活動をゆったりのびのびと展開していくようになっていました。

この活動再開の一年ほど前、「おばちゃんち」との出会いがありました。小河原さんが「おばちゃんち」の存在を最初に知ったのは、イベントで受け取ったチラシでした。そのときは、コンセプトはわかりましたが、具体的にどんな活動をしているところかはわかりませんでしたし、まさか、後々、自分が関わりをもつことになるなどとは、つゆほども思っていませんでした。

それからほどなくして、区報に子育て情報冊子づくりの講座参加者の募集が載っているのを見つけた小河原さんは、それに応募しました。その講座の主催は「おばちゃんち」。でも小河原さんは気づきませんでした。それを知ったのは応募してから後のことです。

子どもが幼稚園に入って、小河原さんは自分の時間がとれるようになっていました。小河原さんは子どもが生まれるまでは、美術系の出版社で働いていました。エディトリアルデザインが本来の仕事ですが、小規模出版社ではどこでもそうであるように、編集から営業まで何でもこなすという形で一〇年以上働いてきました。つまり本づくりについては立派なプロなのです。

そんなわけで、冊子づくりに携わることには自分の力が発揮できるという楽しみもありましたが、その一方で、経歴を言ったら何でもやらされてしまうかなという懸念もちょっぴりあって、編集に携わった経験については当初は黙っていました。

ところがなんといってもみんな本づくりについては素人です。渡辺さんもみんなも、気持ちのうえでは大変な欲張りで、あれもやりたい、これもやりたい、いいものをつくりたいと思っています。でもそれをするならこの発行スケジュールはちょっと無謀よ。というわけで、結局、小河原さんが交通整理をかって出る形で、プロの知恵と力を惜しみなく発揮し、大奮闘してしまいました。

こうして最初の「ＳＫＩＰ」を出すについては、プロとしては気をもんだこともいろいろありましたが、小河原さんにとってここでの収穫は思いがけず大きいものでした。何より大きかったのは、「仲間と出会えた」ということです。そして「みんなが何か自分のできることをちょっとずつ提供すれば、結構いろんなことができるんだな。そういうことがわかった」と言います。このことが小河原さんにとっては自分で「あおいそら」の活動をしていく上でも大きな力になったようです。自分のできることをやっていこう、やりたいと思うことをやり、伝えたいと思うことを伝える。そういうことを自分らしくやっていこうと……。

「私のための私の会」。でも仲間がいる。

「あおいそら」の活動は、二〇〇五年にいったんは再開し、一年ほど児童センターを拠点に活動をしていましたが、その後、お子さんの就学問題に向き合うことになったこと、二人目を妊娠・出産したことなどが続き、今、児童センターでの活動は休止しています。小河原さんのお子さんは一番近くの小学校の普通学級に、介助がつく形で入学しました。就学問題は障がいのある子どもにとっても親にとっても大きな問題です。小河原さんは我が子の問題を通していろいろなことを経験し、学びました。そして二人目の出産と二人の子育て。これも「産んでみないとわからない」と言いながら向きあい、ここでもいろいろな経験をし、学びを得ました。

こんなふうに「あおいそら」の活動はとぎれとぎれのようですが、場をもっての活動は休止しているというだけで、小河原さんの活動はずっと続いています。実は小河原さんは

「あおいそら」とは別に、関連する障がい児の親の会にも参加しています。ここでは、区内の障がい児の親たちが互いに情報交換をしたり、励まし合ったりしています。また、障がい児に関わる制度改革にもとりくんでいます。

小河原さんにとって「あおいそら」はいわば「私のための私の会」。「自分のことをちゃんとやることが、いつか、どこかで、他の人を助けることになると思う」。これが小河原さんのあり方です。

たったひとりの「あおいそら」活動ですが、小河原さんがそうして活動している姿は、どこかで誰かの目に触れ、障がいをもつ子の親にもその存在が伝わります。「私がそうしてあちこちに行って活動していることで、じゃ、小河原さんに聞いてみたらと、誰かが言ってくださる」。「あおいそら」の小河原さんが地域にいること、その活動を存続していることの意味を、彼女はこう語ります。

「先日も来年の就学のことで相談したいと、お母さんがみえたんです」。相談に来たお母さんに、小河原さんは「じゃ、親の会に行って、みんなのところで話してみようよ」と提案し、一緒に行きました。「あおいそら」を立ち上げたときの先輩ママは、話を聞き、相談にものってくれましたが、「一緒に」という行動には至りませんでした。小河原さんは今、自分が「一緒に」をすることを大事にしています。

『あおいそら』は私ひとりの活動」という小河原さんですが、「あおいそら」は子ネットに参加しています。「おばちゃんち」と出会い、仲間と出会い、横のつながりが広がりました。「ＳＫＩＰ」は、つながった仲間たちと共に今もその活動を続けています。小河原さんの中の「仲間」と「私」。小河原さんらしいスタイルでどちらも大切にしています。「おばちゃんち」は誕生から五年の歴史を重ねてきましたが、小河原さんの子育ての歴史も「おばちゃんち」の歴史と重なります。「私は自分はまだ、『おばちゃんち』の『おばちゃん』だとは思っていないんですけどね、将来は、『おばちゃんち』の活動で、障がい児部門は私がやりますと、それくらいできるといいなと思っています」。そう言う小河原さんは、もうすてきな「おばちゃん」のひとりだな。そう思いながらそのひとことを聞きました。

「あの頃は私、どん底でした」

二〇〇七年の夏、初めて「子ネット」会議に参加したとき、今にも生まれそうな大きなお腹の女性に会いました。それから半月ほどの間、私が取材であちこち動き回るその行く先々で大きなお腹の彼女と出会います。第２章で、保育サポーターの一人として紹介した安藤さんです。夏の真っ盛り。酷暑というほどの暑さにも関わらず、品川のあちこちに出没する彼女はいつもとっても楽しそうです。

と言っても、バリバリ活動しているというそんな雰囲気とも違います。この「おばちゃん」たちの人のつながりが快くて、その中に身をおき、他のいろいろな人たちの言葉に耳を傾けながら自分自身を見つめる、そんな今が楽しくて楽しくてたまらないというふうです。

その安藤さんが、「あの頃は、私、どん底だったよね」と、振り返って渡辺さんと笑いながら話しています。「そう。ほんと、暗かったね」。そんな日々があったのだと言います。結婚で、それまで働いていた銀行を辞めて、東京に来て専業主婦になった安藤さんは、やがて妊娠し、お母さんとなりました。独身時代は職場では男性と同等の仕事をし、相応の収入もあり、自由もありました。そんなほんの少し前までの生活と、専業主婦生活、さらには子どもが生まれてからの生活との間には、実に想像もつかなかった落差がありました。

愛する人と結婚し、子どもが生まれ、家族ができた。それらのどれをとってもみな喜びであり、何の不服もなく、幸せには違いないのですが、その一方で言いようのない自分存在への不安定感、立ち位置の不確かさ、心もとなさのようなものも抱いていました。そしてさらには、子ども、子育てという新しいテーマの登場です。

安藤さんはそれまで、子どもにも子育てにも興味をもったことがありませんでしたし、知識もほとんどありません。それでいきなり親になったのですから、赤ちゃんを前に、戸惑いは数知れず……。そんな毎日が始まりました。

それでも一生懸命頑張りました。母乳育児がよいということを学び、指導に忠実に母乳育児を頑張りました。幸い母乳の分泌もよかったので母乳育児を貫くことができたのですが、これが実は大変。安藤さんの母乳分泌は充分すぎて、毎回授乳のたびに余った母乳をしっかり搾乳しておかないと、乳腺炎になる心配があります。飲ませて絞って、また飲ませて絞って……。一回の搾乳に三〇分から一時間かかります。それが一日に何回もです。ひたすら母乳、母乳、母乳の毎日。外出もままなりません。

母乳育児の指導にしたがって、一歳四カ月まで毎日夜中も三時間おきに授乳。当然慢性的睡眠不足です。食事も「よい母乳のため」ということで、甘いものや脂っこいものは制限。ストレスもたまります。疲労困憊。苦しくもなります。でも、そんな状況や気持ちを聞いてもらえる人も、気持ちを理解しながらちょっと違う視点を提供してくれる人も、身近にいません。

週一回は乳房マッサージに通いました。週一回と聞いて、思わず「一回、おいくらなんですか」と聞いてしまった私ですが、当時の安藤さんには一回三五〇〇円のマッサージ料などまったく気にならなかったようです。それくらい頑張って、頑張って、頑張っていました。一生懸命だったのです。

よい育児をと、頑張ってはいましたが、そのような生活の中で、いつの間にか世界も思考もどんどん狭くなっていきました。子どもと向き合っているのに、子どもの表情を楽しむ気持ちの余裕もありません。周囲の何気ない一言も堪えます。子どものことを心配してくれての一言であっても、発達が遅いんだろうか。何か心配な問題があるのではないだろうかと、そんなふうに考えてしまいます。

どんどん気分が落ち込んでいきます。いつしか自分がひとり暗い深い闇の中に吸い込まれていく、そんな気分の日々を過ごすようになっていました。後になってご主人から聞いた話だそうですが、妻のそんな状態を夫はとても心配していたのですが、帰宅したとき、家の中に暗い顔をした妻がいると思うと、正直、ドアを開けるのが恐かったと、そんなふうにその頃の状況を話してくれたそうです。

どん底の安藤さんに転機をもたらしてくれたのは西山さんでした。西山さんと安藤さんとは、ご主人同士が会社の同僚です。安藤さんが結婚したときは、西山さんのご主人が結婚式に出席。西山さんが結婚したときは、安藤さんが新居を訪問して、そこで初めて西山さんと会ったそうです。同じ社宅に住んでいましたが、その後はほとんど会う機会もなく、たまに道で会うと立ち話をする程度のお付き合いでした。たまたまあるとき一緒になる機会があって、あれこれおしゃべりをするうち、安藤さんは西山さんから「行ってみたら」と「みこちゃんち」を紹介されました。安藤さんのこの状況に、渡辺さんが力になってくれるだろう。西山さんは多分、そう思ったのでしょう。

安藤さんの家は大井町です。そして「みこちゃんち」は大崎。近くでもあり、夫の同僚の奥さんの紹介でもあるので、安藤さんはとにかく一緒に行ってみることにしました。行ってみると、そこには「おばちゃん」たち、そして渡辺さんがいました。ちょうど「完璧な親なんていない」の講座が始まろうとしていたところだったので、渡辺さんはさっそく安藤さんを「完璧」の講座に誘いました。誘われた安藤さんは「どうしようか」と思ったのだそうです。でも断る理由がみつかりません。西山さんの紹介で行ったのに、断ったりしたらまずいんじゃないかな、とそんなことも思いました。というわけで、断れずに参加することになってしまったということです。

これが安藤さんの「おばちゃんち」との縁の始まりでした。講座への参加、そして「おばちゃんち」との関わりは、安藤さんにとって思いもよらなかった展開をもたらしました。「完璧な親なんていない」。これはまさに安藤さんのための講座のようなものでした。「完璧」

に向かって頑張り、もがき苦しんでいた安藤さんは、肩の荷をひとつひとつおろしていきました。いろいろな人と出会いました。同世代のママたちとも出会いました。世代の違う人たちとも出会いました。いろいろなものも見方、考え方と出会いました。人とつながって、場も広がりました。いろいろな新しい経験をし、人とつながることが生み出すさまざまなおもしろさに出会いました。

世界がどんどん広がっていきます。子育て情報冊子「ＳＫＩＰ」の編集メンバーにもなりました。今では預かりあい自主グループの「あいあい」もやっています。もう一度子育てを学び直そう、そしてお母さんたちの力にもなろうと、保育サポーター養成講座も受講しました。暗い迷路の中をさまよっていたお母さんは、今、「おばちゃん」たちの笑顔に囲まれ、大地の確かさを自分の足に感じながら、明るい太陽の下をゆっくり歩いています。

品川の種は播磨で芽を出して花を咲かせています

西山さんはご主人の転勤で、今、兵庫県の加古川市に住んでいます。加古川に引越するに当たって安藤さんにバトンタッチしてきたものがあります。預かりあい活動の「あいあい」です。

子育てというのは二四時間営業のようなもの。昼も夜も休みがありません。それが三六五日続くのですから、誰だってたまにはホッと一息つきたいと思うものです。西山さんも「ああ、ほんの一時間か二時間、スターバックスでコーヒーを飲みながらゆっくり読書がしたいなあ」と、そんなふうに思うことがありました。

三～四組のママと子が集まって一緒に子どもを見ていれば、その中のひとりのママが自由な時間をもつことができる。児童センターの職員さんが「ここでやってみたら」と、応援してくれました。自分の子どもと共に他人の子もみるなんて、経験のないことですから、最初はみんなちょっと不安もありましたが、数人のお母さんたちとまず勉強をして、児童センターでスタート。預けあい、預かりあいの「あいあい」が誕生しました。

ある日は、Aさん、Bさんが、Aさんの子ども、Bさんの子ども、Cさんの子どもをみて、Cさんはフリー。次の回は、Bさん、Cさんが、Aさんの子ども、Bさんの子ども、Cさんの子どもをみる、その次の回は、AさんとCさんが、Aさんの子ども、Bさんの子ども、Cさんの子どもをみる。という具合に、お母さん同士で順番に預かりあうシステムです。〇歳から四歳の幼稚園に入る前の子どもとそのママのための活動です。

預かるのは二時間程度。それもメンバーが自分たちの状況を前提に決めます。フリーのママはゆっくりお茶を楽しんでもいいし、美容院で髪をカットして、気分転換をしてもいい。ちょっと知恵を出し合い、ちょっと自分のできそうなことをし合うだけで、ママのこんなすてきな時間が編み出されました。

ママのホッとする時間を……と思って始めたことでしたが、実際に始めてみると、子どもにとっては親以外のいろいろなおばちゃんと触れあう経験、思いをかけてもらう経験をするとってもいい機会となりました。また、親にとっては他の子どもたちを見るいい機会。我が子のことはよくわかっているつもりでしたが、いろいろな子と関わることを通して、改めて我が子のことも子どもたちが成長するということの意味も見えてきました。そしてそれは、お母さんたちが育児の力量をつけていく大きな力にもなっていることに気づきました。親も子も「あいあい」の中で育ちあっていました。

さらにこうした活動を通して、お母さんたちはよその子のこともみんな我が子のように心配になったりうれしくなったりする、そんな感じ方、ふれあい方を、いつの間にか身につけていました。みんなおばちゃんちの子、そんな感じになってきたのです。「みんなで子育て」。この活動に一歩踏み出すことによって、これが言葉としてではなく肌の実感として、ママたちに感じられるようになってきたのです。

安藤さんは西山さんに誘われ、この「あいあい」にも参加するようになっていました。そして西山さんがご主人の転勤で加古川に引っ越しすることになったとき、後を引き継いだのは安藤さん。今、安藤さんは「あいあい」の代表です。

西山さんは加古川に転居した今、品川での経験を基に、「はりま de あいあい」を主宰していきます（播磨は、加古川を含む兵庫県南西部）。最初は公的施設を利用して活動していましたが、そのうちだんだん人のつながりができてきて、趣旨に共感した大阪の病院勤務の助産師さんが、実家があいているからと、そのお宅を貸してくださることになり、そこで週一回、ひろば活動をすることができるようになりました。親子がゆったりくつろいだり、遊んだり、楽しく会話したりする居場所ができました。自分の家をまるごと貸してくれるなんて、夢のような話ですが、ほんとうなのです。人がつながる、心がつながる、それが思いがけないものを生み出すということなのでしょう。

その「あいあいハウス」は二階建ての普通の民家。住んでいた方が使っていた家具もそのまま置かれているので、まるでお家にいるような気分でくつろげます。小さな庭もあって、子どもがちょっと庭に出て遊ぶこともできます。訪問した日は、ぽかぽかと暖かい陽射しが部屋にさしこみ、親子が思い思いの場所で、のんびり過ごしていました。玄関には花瓶いっぱいの菊の花。近所に住む方がご自分の畑の花をくださったそうです。季節の花の香りと共に人のぬくもりが親子を包んでいます。ご近所の方とも少しずつこんな関係がつくられてきているようです。

「はりまdeあいあい」ではもちろん預かりあいの「あいあい」もしています。そして学びあいの「あいあいカフェ」も。そこではお茶とお菓子を楽しみながら、テーマを決めて講師を囲んで学んだり、日々の喜びや悩みを語り合ったり。

仲間もできました。すてきなスタッフ仲間が新しい知恵も出してくれます。品川で西山さんが経験したこと、その中で学んだことが、播磨で、播磨の仲間を得て、その仲間たちと共に育まれ、「はりまdeあいあい」らしい色あいの花を咲かせています。

離婚できる女性になりたい

「生まれる前に」と、第二子出産間近の安藤さんにいろいろ話を聞かせてもらったその日は、ついつい長話になってしまい、腰を落ち着けたその店を出ると、もうとっぷり日が暮れ、外には灯りがついていました。来たときとは表情を変えた武蔵小山の商店街を駅に向かって一緒に歩きながら、安藤さんが突然こんなことを言いました。「わたし、離婚できる女性になりたいんです」。そう言ってからあわてて「あの、別に、今、離婚したいと思っているとか、そういう状況があるとか、そういうんじゃないんですよ」とつけ加えました。そう。目下、彼女は妊娠中。二人目をまさにこれから産もうというハッピーな状況なのです。

彼女が言うのは、つまりこういうこと。「自立した女性でありたい」と。経済的自立。精神的自立。大地にしっかり足を置いて、自分らしくしっかり生きていきたい。そんなひとりの人間、ひとりの女性として、夫と共にありたい……と。その具体的な像はまだまだ頭の中にはっきりとはとらえきれていないようですが、そこにはそれぞれに自分の足で大地を感じながら、自分らしく生きる仲間たちの顔、顔、顔が浮かんでいるようです。

自分と同年代のママ仲間から七〇代の「おばちゃん」まで、世代も持ち味も違う多様な人たちとふれあい、みんなの中で日々を過ごす中で、みんなと生きる自分、みんなの中の自分、そしてその自分はどう生きるのか。そんなテーマと今、向き合っている。それらを探っている。安藤さんはそう語りたかったのではないでしょうか。

大人同士のおしゃべりの間に眠ってしまった我が子を肩に乗せるように抱いて、臨月の大きなお腹を抱えて歩き、自分を語る安藤さんの目は、少年のように、いや、少女のように、明日を見つめる目でした。

さて、二人目が生まれてからの安藤さんについてもちょっと紹介しておきましょう。「子ネット」の会議にも、「ＳＫＩＰ」の集まりにも、安藤さんの姿が見えます。安藤さんが行動するところにはいつもベビーカーがあります。そしてベビーカーの周りには赤ちゃんをあやしている人たちがいます。「どちらの赤ちゃん？」。尋ねると「安藤さんちの赤ちゃん」と答えが返ってきます。安藤さんの赤ちゃんは、たくさんのおばちゃんたち、ママたちにいつくしまれ、みんなの中で育っています。

友達のママに何もしてあげられなかったから

品川宿「おばちゃんち」の前に置かれたベンチの上に、フリーペーパー「チルドリン」が置かれていました。タイトルの肩には「ママの暮らしとキッズの好奇心をサポートするフリーマガジン」と書かれています。子ども・子育てに関わるさまざまな情報が入っているフリーマガジンです。Ａ５サイズで二四頁ほど。この冊子を出しているのは、大井町にあるリバティ・ハートという会社。社長の蒲生さんは、中学一年生のお子さんのお母さんです。そして日本子どもＮＰＯセンターの理事でもあります。

蒲生さんがこの「チルドリン」発行を思い立ったのにはわけがあります。蒲生さんはこれまでずっと仕事を続けてきました。お子さんを出産した後も、すぐ働きだしたそうです。蒲生さんの友人には、銀行に勤めていた人や、弁護士秘書をしていた人など、優秀で、子どもを産む前はバリバリ仕事をしていた人がたくさんいましたが、その人たちの多くが子どもが生まれると仕事を辞めて家庭に入ってしまったそうです。

ちょうどたまごクラブ、ひよこクラブが出てきた頃のことです。マニュアル育児が支配的になっていました。そんな中で、仕事で力を発揮したその人たちが、完璧な育児をしようと頑張って、頑張って、ノイローゼになっていきました。優秀だった人ほど完璧を求め、苦しみを抱えていたようです。蒲生さんは、そんな友人たちの状況を知って胸を痛めていました。でも多忙な仕事まっただ中にあって、何もしてあげられなかったと言います。

そのときの思いをずっと胸の中に抱えていた蒲生さんは、いつか、自分が社会的なことができるような状況になったら、ぜひ、そのとき友人にできなかったことを、今の人たちに何かの形で還元していきたい。そうできたらいいなと、考えていたそうです。そしてその思いが形になったのが「チルドリン」です。だから「チルドリン」のコンセプトは「マニュアル育児からの脱出」です。

第一号では「チャイルドライン」を取り上げました。これはチャイルドラインをママたちにも知ってもらおうというのが企画の意図です。子どもは話したいことがたくさんあります。「ねえ、ママ、ママ」。こんなふうに子どもはママに話を聞いてもらいたくて呼びかけます。でも、子どもが話そうとしているとき、ママは忙しくてちゃんと聞いてあげられないかもしれない。「後にしてね」と言って、それっきりになってしまうこともあるでしょう。あとになって「ああ、ちゃんと聞いてあげられなかったな。私ってダメな親だな」などと、悔やんだり自責の念にかられるかもしれません。そんなママたちに、社会にはいろんな手助けしてくれる仕組みがあるんだよということを伝えたい。ということでチャイルドラインを取り上げたということです。

「チルドリン」でチャイルドラインを取り上げるについて、蒲生さんはチャイルドライン支援センターを訪ねていろいろ相談したり話を聞かせてもらったそうですが、そこで「品川だったら渡辺さんがいるでしょ」と「おばちゃんち」の渡辺さんの名前が出てきました。実はそれより少し前、蒲生さんは渡辺さんの名前を地域でも聞いていました。会社の近くのよく行くお食事どころ「こもれび」で、「こういうことをやろうと思っている」という話をしたら、「それなら渡辺さんに会うといい」と言われていたのです。

というわけで、あちらからもこちらからも渡辺さんの名前が出てきて、蒲生さんは渡辺さんと会いました。話をしてみて、子育てへの思いも育児観についても、二人が大いに共感、共鳴しあったのは言うまでもありません。こんな形で、企業人である蒲生さんとNPOの渡辺さんがつながり、蒲生さんは、渡辺さんと「おばちゃんち」に連なるたくさんの「おばちゃん」たちやママたちとも、つながりをもつことになりました。「チルドリン」は「子ネット」にも参加しています。

お母さんが置いてほしいと言うフリーペーパー

フリーペーパー「チルドリン」は一二万部を発行。都内の遊園地や動物園や水族館など親子が行くいろいろなところに置かれています。おもしろいことに都内二〇カ所ほどの児童館にも置かれているそうです。普通、フリーペーパーが児童館に置かれることはないのですが、たまたまこれをどこかで手に取ったお母さんたちが、館長に「これを置いてほしい」と要望したことから置かれるようになったとか。

図書館勤務の司書さんが東京ドームで偶然目にして、自分の図書館でお母さんたちに配りたいと言って……とか、そんな形で都内図書館四カ所にも置かれるようになったそうです。子育てネットや子育てサロンでも配られています。こんな形で読まれるフリーマガジンもちょっと珍しいのではないでしょうか。

「チルドリン」発行から二年後の二〇〇七年には、ママたちが気軽に集うことができるスペース「アトリエ＊チルドリン」も始めました。大井町の駅から一分。一〇人くらいが集えるほどよい大きさです。オープンの日にちょっと覗いてみると、消しゴムはんこ教室が開かれていました。ママたちは真剣な表情で非日常を楽しんでいます。そして子どもたちは託児スペースで、保育スタッフと遊んでいます。保育スタッフは「えくぼ」の「おばちゃん」たちです。

蒲生さんの会社は企業のプロモーションが本業です。「チルドリン」や「アトリエ＊チルドリン」は企業がプロモーションとして出す広告に、ママと子どもへの支援というスタンスの、いわば「変換」をかけることによって、ママたちを力づける情報の提供や、ママと子どもにとって居心地のよい空間づくりにつなげたというもの。「アトリエ＊チルドリン」の運営費は、ここに集うママたちに商品サンプルを提供したり、マーケティングのアンケートに協力してもらったりという形で、生み出されます。地域のママたちに役立つ事業をやろうという蒲生さんの思いは、同時にママたちの意見を企業にちゃんと届けるという機能も果たしているということでしょう。そしてそれもまた、育児や生活の支援につながっているといえるのではないでしょうか。「変換」をかけることで、企業の力も支援にしてしまう。企業人ママのすてきな知恵です。

蒲生さんは「アトリエ＊チルドリン」のことを、地域の小さな児童館のようなところと言います。こんな小さな児童館が、地域のあそこにもここにもできたらうれしいだろうな。それが蒲生さんの思いです。「いずれは運営も地域のママたちにお願いしようと思っている」とのこと。ママがママたちを応援する。その輪がだんだん広がっていったらいいなと、そんな場として育っていくことを願っています。

今はパラグアイでボランティア活動中の順子おばちゃん

「ＳＫＩＰ」のVol.0、つまり「おばちゃんち」が講座を開いて最初につくったその冊子の最終ページを見ると、編集者として小河原さんや武田さんや吉仲さんの名前が並んでいるその末尾に、「スタッフ＝土屋順子」の名前があります。お母さんたちが、仲間を得、その横のつながりに励まされながらそれぞれの活動に踏み出していったそのベースになった「ＳＫＩＰ」づくりで、渡辺さんと共に土屋順子さんがお母さんたちの活動を支えていたことがわかります。

その土屋さんは今、遠くパラグアイの地にいます。ジャイカ（ＪＩＣＡ・独立行政法人国際協力機構）の海外シニアボランティアとして、パラグアイで活動しているのです。

土屋さんはもともとは品川の児童センターの職員でした。南品川の児童センターでは八神さんと一緒に仕事をし、そんな縁で幾島さんともいいお仲間です。茶道から料理から卓球から、実にいろいろなことに挑戦し、また、そのどれをも深めてしまうという、見事な精神力の持ち主です。

土屋さんは児童センターの職員として仕事をする一方で、ブラジルの貧民街を拠点とするNGOの活動を二〇年近く続けてきました。身軽な学生などの若いメンバーはどんどん現地に行って活動していましたが、土屋さんには仕事がありましたし、仕事は土屋さんにとってやりたいことでもありましたから、辞めて支援に行くということもできず、そのことがずっと心残りとなっていました。それで、日本より恵まれない状況にある人たちの支援に、少しでも若いうちに行こうと、少し早めの退職をしたのです。

とはいっても単身で外国に行くというのは危険もあり、なかなか大変なことです。そこで、ジャイカを通して行くのがよかろうと考えたわけです。年二回の募集があり、試験があるのですが、これが大変難しいのです。土屋さんは応募はしたものの、そう簡単に受かるはずはないと思っていました。

そこで、退職するとすぐ、三階建ての家を購入しました。一階はお茶室にして、二階のLDKはカフェふうにして、大人も子どももおとしよりも親子連れも、みんなが気楽に立ち寄って、軽い食事やお茶を楽しみおしゃべりを楽しむそんな場にして、そして三階はプライベートルームにして……と、そんな計画を立て、着々と計画を進めていました。そしていよいよ引越となったところへ、ジャイカから「合格」の通知が届いたというわけです。びっくりしながらも、もちろん海外での支援を選んだ土屋さん。引っ越ししたばかりの家は計画共々しばしそのままということにして、パラグアイへと飛び立っていきました。今はパラグアイで日本の伝承遊びを紹介したり、茶道や日本料理を教えたりと、日本文化の紹介を中心に活動しているとのこと。私が土屋さんと会ったのは、健康診断目的で短期帰国した間のこと。いずれ帰国したら「ここが赤ちゃんからおとしよりまで集うカフェ」というＬＤＫで、お茶をいただきながら話を聞きました。

人のつながりが深いから品川が好き

「おばちゃんち」の活動が始まり、「ＳＫＩＰ」づくりで土屋さんがお母さんたちを応援したのは、土屋さんがまだ児童センターの職員だったときのこと。その頃、土屋さんは職場は品川でしたが、住まいは小平市。毎日品川まで通勤していました。そして退職して土屋さんが三階建ての家、みんなが集まれる家を購入したのは、品川でした。

「どうして、仕事を辞めてからわざわざ品川に引っ越すの？」。土屋さんはよく聞かれたそうです。「私、品川が好きなんです。空気が悪いとか、自然がないとか、公園が少ないとか、そういう不満はあるにしても、やっぱり住んでいる人との関係が深いということが一番大きいと思いますね。そういう関係がなければ好きだと思わないでしょうね。児童センターで関わった人たち、友達、それが私の財産になっています。品川に住んでいる人たちにシンパシーがある。だから好きなんだと思う」。「以前住んでいた小平市の花小金井というところは、自然もあります。晴耕雨読の生活をするのにはそちらがいいかもしれませんが、私は人の関係をとりました」。

土屋さんが「おばちゃんち」に共鳴したのは、「子どもからおとしよりまでのみんなの居場所を」というところだと言います。土屋さんの海外活動は二年間。お茶室とカフェのある「順子おばちゃんち」のオープンはしばらく待たねばなりません。でも、土屋さんが帰ってきたとき、また品川の一角に、おばちゃんや親子や若者の声が聞こえる楽しい憩いと語らいの場が生まれます。土屋さんの言うところの「人の関係」が、こうしてまた「まち」をつくっていくんだなあと、ここで談笑する人びとの姿を想像しながら、そんなことを思いました。

土屋さんは言います。「個人がもっている力はすごく小さい。自分のやれることなんて小さいですよ。でも小さいなりに一人ひとりが自分の問題として世の中の問題を考えていく。自分でできることはしていくべきだと考えています」。つまり、「順子おばちゃんち」も、パラグアイも……。自分のできることをしながら世の中をよくしていこうというのです。人のつながりが街をつくる。そして人のつながりの中で、一人ひとりが自分らしくしっかり生きていけることが、街も人も豊かに元気にする。「おばちゃんち」に連なる人びとがそれぞれにそのことを教えてくれています。

仲間がいるから、自分らしく生きられる

「自分らしく生きたい」。誰もがそう思っています。「生きている！」と、からだも、心も、感じたい。自分の足で自分の人生を歩んでいるという手応えを感じたい。皆、心の内にそうした思いを抱いています。でも、生きにくい今日の社会にあって、そんな実感が得られなくて、不安の中にいたり、もがいていたり……。そういう人は少なくありません。

中でも子育て中の母親たちは、その多くが周りに知った人もなく、たったひとりで育児を背負い、不慣れな育児に戸惑ったり、これでいいのだろうかと自問したり、自分は親として充分なことができていないのではないかと悩んだり……。そんな日々の中で、子どものことについても、自分のことについても、誰かと心を響きあわせたいという思いを抱いています。誰かに自分の気持ちを聞いてほしい。耳を傾け、頷いてほしい……と。

また、ちょっとの時間でいいから自分の自由なひとときがほしい。学びたい。自分の力を社会のどこかで発揮したい。と、そんな人として当たり前のささやかな願いももってい

ます。

第3章に登場の彼女たちも、不安になったり、迷ったり、悩んだり、立ち止まって考えたり、学びたかったり、何かをしたいと思っていたりする、そんな普通のお母さんたちです。その彼女たちが、人とのちょっとしたつながり、ちょっとした縁を入り口に、「みこちゃんち」や、「完璧な親なんていない」の講座や、「ＳＫＩＰ」や「てとてとねっと」づくりの活動に関わり、その活動の中で、そこに関わったみんなの中で、自分が何をしたいのか、どう生きていこうとしているのか、それらを見つめ、考え、それぞれの足を力強く踏み出しています。胸の中にあるさまざまな思いを誰かと語り合い、響きあわせることを通して、彼女たちが「自分」や「他の人とのつながり」や「子育て」や「地域社会」、そしてそこにおける「価値観」などをとらえなおしている姿が見えます。また、共にひとつのことに取り組むなかで、それぞれに違う「みんな」がつながることの力やおもしろさを感じています。

彼女たちの話の中には、「仲間」という言葉があちらでもこちらでも出てきました。自分たちの関係を表すのに最も適切な言葉を探し、「うーん、それは仲間ですね」と語る人、自分が歩みをすすめることができたのは、「仲間がいたから」という人。自分が自分らしくいられるのは「仲間がいるから」という人。彼女たちが「仲間」という言葉を語るとき、それぞれの思いの深さがにじみ出るのが感じられます。彼女たちにとって「仲間」というつながりが、いかに大きなものであるかが察せられます。

彼女たちの何人かが言いました。「ママ友とは違うんですよ。全然違う……」と。本音で語り合える。自分のために一生懸命になってくれる。信頼でつながっている。そして違いをもちながら世界を共にしている。そんな関係を実はみんな欲しているのだということも、彼女たちの言葉から理解できます。「仲間」がいるから自分をしっかり見つめることができる。「仲間」がいるから、一人ひとりが自分らしく生きられる。彼女たちは、「仲間」と一緒にそれぞれのテーマに取り組む中で、そのことを感じ取っています。

彼女たちの後ろには、彼女たち若い母親が自分らしく生きられるようにと、応援する先輩お母さん、企業人もいました。ひとりの女性として、みんなの中のひとりとして、どのように生きるかを、自らの生き方を通して伝え、共有しようとしている、そんな先輩もいます。お母さんたちの模索を後ろで支え、相談にのったり、場所を提供したり、知恵を提供したりする児童センターの職員やたくさんの「おばちゃん」たちがいます。街の中のそんな人たちのつながりが、親たちの子育てを、そして親の一人ひとりが「自分らしく生きること」を、支え、あたたかく背中を押している姿もここに見ることができます。

第4章

子どもが育つ、
人が育つ、街が育つ

腰は痛いけれど、赤ちゃんが好き

品川宿「おばちゃんち」から歩いて五～六分。旧東海道の海側の裏手にある北浜公園には、この日、笑顔、笑顔、笑顔があふれていました。子どもも大人も若者たちも。「おばちゃんち」のスタートとほぼ同時に始まり北品川児童センターで行われていた「ホットほっとＨＯＴ」は、その後、ここ北浜公園に場所を移して、月一回第三日曜日に行われています。今日はその日。私もふらりと行ってみました。北浜公園は小さな冒険遊び場です。水も火も使えます。土掘りもどろんこ遊びもＯＫです。

私が公園に着いたのは午後一時。楽しげな笑い声と共に、いい匂いも漂ってきました。おいしそうにカレーライスを食べているお母さんと子どもたち。食べ終わって再び遊びに飛び出していく子。おや、せっせと食器や調理用具を洗っているおばちゃんは渡辺さんではありませんか。スキーで足を骨折したという幾島さんは松葉杖を横において火守りをしています。カレーにうどんを入れて、カレーうどんをつくっています。子どもたちの中から八神さんの顔が覗いて「こんにちはー」と声をかけてくれます。

あちらではスコップで土掘りをしている子どもたちがいます。おやっ、小さなバケツでうんしょ、うんしょと水を運んできては掘った溝に水を流し込んでいる子がいます。川ができてきたようです。今度は別の子が板をもってきました。橋を渡しているのでしょうか。あれっ、大きいお兄さんの手を引いてきて……、いったい何をしようというのかな。子どもたちは筋書きのないドラマを次々展開していきます。

「カレーうどんができましたよー」の声。風で煙りがくるりと回ってきて「わー、煙い」と目をしょぼつかせる子。串に刺したマシュマロをそおっとそおっと火に近づけて慎重にあぶっている子。その横を泥で足を真っ黒にした子が歩いていきます。子もたちは自分の思いのままに遊びます。ダイナミックに、繊細に。

大人たちも一緒になって遊んでいます。どの子の親がどの人なのか、まったくわかりません。こんなことってあるでしょうか。武田さんの姿も、安藤さんの姿もあります。「ＳＫＩＰ」の講座であった岸さんの顔も見えます。みんな子どものような顔をしています。

安藤さんが幼児たちと走り回っています。と、しばらくして、田村久美さんのところに歩み寄りました。田村さんの背中には赤

ホットほっとＨＯＴ
は子どもたちに大人気
泥んこあそび

ちゃんがいます。のぞき込むと気持ちよさそうに眠っています。「もしかして、安藤さんの赤ちゃん？」と尋ねると、そうでした。自分をのびのび開放しているのは、子どもだけではなかったようです。

通りかかった赤ちゃん連れの人が、「誰でも来ていいんですか」と尋ねていました。近所に住む人とそのお嫁さんと孫だということです。子どもと遊んでいるお母さんたちにいろいろ質問したり、板を一枚立てかけただけのにわか掲示板に貼られた地域の子育て情報を一生懸命読んだりして、しばらくこの雰囲気を共にするように過ごしていきました。

お母さんたちに混じって、若い人たちがいます。この「ホットほっとＨＯＴ」で大活躍のヤングスタッフの面々です。

安藤さんの赤ちゃんをおんぶしていた田村久美さんもそんなひとり。久美さんには知的障がいがありますが、赤ちゃんの世話ではすばらしい力を発揮します。赤ちゃんの寝かしつけは実に見事。やさしくてていねいで、思いをいっぱいかけて……。その気持ちがちゃんと伝わって、赤ちゃんも安心するのでしょう。久美さんの背中ですやすや眠ってしまい

薪で火をおこし料理を作ってみんなで食事

ます。安藤さんが「うちに来てほしいわ」と全面的信頼を寄せる頼もしさです。

田村さんはこの「ホットほっとＨＯＴ」が大好きなよう。障がい者の集まりと重ならない限り必ず参加して、赤ちゃんの世話を引き受けます。おんぶで寝かせるのが得意なのですが、おんぶは結構腰にきます。「腰が痛いの」といいながら、それでも参加します。若い他の仲間たちと共に、カレーやら何やらの準備もします。その責任感の強さにはみんなの信頼が厚く、今や「ホットほっとＨＯＴ」の大事な顔のひとりとなっています。

誰が誰の親だかわからないというおもしろさ

川上君は、他区の児童館職員です。児童館に就職してまる二年になるところだということです。他区の児童館職員がなぜ「ホットほっとＨＯＴ」で活動しているの？　そう思った私に、川上君はそのいきさつを話してくれました。

川上君が大学の二年生のとき、大学生向けのベビーシッターの講習会がありました。その講習会のファシリテーターが渡辺さん

ホットほっと HOT でのにわか掲示板には地域の子育て情報が

でした。川上君は大学での専攻は子どもとはまったく関係のない分野でしたが、実は前々から子どもに関わることには興味をもっていて、児童館のボランティア活動をしていました。友達に児童福祉研究会というサークルに入っている人がいて、このサークルに、学生のベビーシッターの募集とそのための講座のお誘いが来ていて、その友達が「行ってみないか」と川上君に声をかけてくれました。

それでは……と、川上君は講習会に参加し、引き続いて「完璧な親なんていない」の講座の一時保育にも参加しました。そのとき、渡辺さんからこのカナダの子育てプログラム「Nobody's Perfect」がどういうものかなど、話を聞いて、やっぱり児童福祉の分野で働きたいという思いが強くなり、大学の勉強とは別に通信講座で保育の勉強を始めました。保育士資格試験を受け、資格をとったのは、大学を卒業して一年後となりましたが、こうして、とうとう川上君は児童館に就職してしまいました。

それより前、「おばちゃんち」が発足して一年がたった頃に、渡辺さんから「『ホットほっとHOT』というのをやっているけれど、もしよかったら来てみない?」と、声をかけられました。川上君がまだ学生のときです。

川上君は、児童館のボランティアで小学生と触れあうことはありましたが、小さい子の保育は、「完璧」の講座の際の保育が初めてでした。そのとき一歳くらいの子が来ていたのですが、その子がとってもかわいいのです。川上君とよく遊んでくれました。そんなわけで川上君にとってはとっても印象深い保育経験でした。その子もこの「ホットほっとＨＯＴ」に来るという話です。どれくらい大きくなっただろうか。久々に会ってみたいな。そんなことも動機となって、「ホットほっとＨＯＴ」に来てみたのだそうです。

来てみると、「ホットほっとＨＯＴ」にはヤングスタッフと呼ばれる青年たちが活動していました。まったく知らない間柄でしたが、たちまち川上君も仲間入りです。世代の違う人たちも気さくに話しかけてくれます。いつの間にか自然にとけ込んで川上君も楽しんでいました。

「ここはとってもおもしろい」と川上君は言います。いろんな人がいて、いろんな話が聞けます。「子育て中のお母さんの話なんか、僕には想像がつかない世界でしたからね」。また「通りすがりの人も『何やってるの?』と声をかけてくれるでしょ。それでまた輪が広くなる」。「子育て支援っていうと、支援する側とされる側になってしまいがちだけれど、ここは参加者がお客さんになってしまわないんですよね。最初はちょっと手伝ったり小さい子の遊び相手をしたりしているんだけど、いつの間にか、主体的な関わりをしているんですよ。もう、誰が誰の親なんだかわからない。一〇代から七〇代まで一緒になってやってますからねえ」と、そのおもしろさを語ります。

「見たままの風景。この感じがここなんですよね」。親たち、子どもたちのほうに目をやりながら、そう言います。つまりこの雰囲気の中で、我が子だけに関わるのではないその関わり方も、その快さも、参加者は自然と学習してしまうのだろうと、そんなふうに言います。

「休日なんだから、家でのんびりという過ごし方もあるのに、どうして参加するの？」。そんな質問をしてみました。川上君、ちょっと考え込んで「そう聞かれると不思議ですね」。「僕はどちらかというと出歩くより家でのんびりしていたいほうなんですよ。でも、忙しかったり風邪をひいたりで、三カ月くらい行けなかったりすると、また行きたいなと思うんですよね」。やっぱりここの魅力が川上君を呼ぶのでしょう。

「このごろは『おじさん』って呼ばれることもあるんですよ」という川上君。子どもたちが向こうでさかんに呼んでいます。

大学で勉強して保育士になるんです

「久しぶりの参加なんです」。そう言う速水えりさん。大学受験でしばらく来ることができなかったそうです。「入学が決まってやっと来られるようになって……」とさわやかな表情で語ってくれました。大学では児童学を専攻するそうで、「将来は保育士になる」と言います。夢と希望がいっぱいという顔です。

「幾島さんには小学校一年から三年まで学童でお世話になったんです」ということですから、もう一〇年以上のお付き合い。ヤングスタッフ仲間の尚樹君たちとも児童センター仲間。子どものときからの関わりがずっと今までつながっているというわけです。

えりさんが保育士になりたいなと思うようになったのも、きっかけは児童センターだったそうです。えりさんには四つ違いの弟がいて、いつも世話をしてかわいがっていました。中学生のときに、職場体験というのがあって、児童センターの幼児クラブに行ったのだそうです。そのときに、子どもたちとふれあいながら、「そうだ、保育士になるのもいいな」と、そんなふうに思ったということです。

その思いはだんだん膨らみ、高校一年のときには、もう確かなものになっていました。今度入ることに決まった大学のオープンキャンパスにも行って、ここで学びたいと、志望大学も決めていたということです。

幾島さんや八神さんとは学童以降も会うことがありましたし、おしゃべりをしたり、いろいろ相談にのってもらうこともありました。そんな中で、「今度、こういうことをするよ」と、「おばちゃんち」や「ホットほっとＨＯＴ」のことを聞いたのです。将来は保育士に、という夢をもつえりさん。当然のように参加しました。

「ここ、とってもフレンドリーなんですよ。私も最初は子どもとどういうふうに接したらいいんだろうって思ったりして、ちょっと戸惑いもあったんですけどね、みんなと一緒になって遊んでいるうち、そんなこと考える必要がなくなっちゃった」。「ちっちゃい子から大人まで、いろいろな世代の人と交流できるのがすごくいいですね。こういう場って、今、ないですよね」。「私も親になったら、こういう場に参加したいですね。公園デビューってあるじゃないですか。ここはそういう肩に力が入った感じがなくって、いきなり来て、参加できるんですよね。来たら『どうぞ』という感じ。アットホームですね」。

そんな話をしている間にも、子どもたちが、えりさんを呼びにきます。「もうお話はやめて僕と遊ぼうよ」というように手を引っ張ります。「子どもが名前を呼んでくれるとうれしいですね」「子どもたち、私のこと、おぼえててくれるんです」。ほんとうにうれしそうに言い、子どもたちに手を引かれながら、遊びの群の中に入っていきました。

僕たちがしてもらったことを今度は僕たちがする

「僕は児童センター育ち」という犬塚尚樹君。大学院の二年生です（取材時。現在は社会人)。勉強しているのは機械工学です。小学生のとき、児童センターの学童保育クラブに行っていましたが、学童保育を卒業してからは児童センターから足が遠のいていました。

中学生になってからのこと、「児童センターにおもしろい先生がいるから行こうぜ」と友達に誘われました。これがそもそもの始まり。

そうして再び児童センターに行くようになり、「中学生時代から高校生時代は、近くにある二つの児童センターにどっぷりつかっていた」そうです。楽しくて、面白くて、そしてあったかくて、心地よくて……。えりさんも、保育サポーターをしている留美ちゃんも、年齢にデコボコはありますが、みんなこの頃の児童センター仲間です。児童センター職員の中には「なおちゃんやいくちゃん」つまり八神さんや幾島さんがいました。

そしてあるとき、八神さんや幾島さんから「地域におもしろいおばちゃんがいるんだけど」と、紹介されたのが、渡辺さんです。で、「どう、乳幼児さんと遊んでみない?」。そんな形で尚樹君も、その児童センター育ちの仲間たちも子どもたちと関わるようになったというわけです。

「僕の中にはおもしろいことが二つあるんです。そして二つあることがまたおもしろいんです。学校に行くと機械工学を勉強するのがおもしろい。こっちへ来ると、子どもたちと楽しく過ごしたい。今は、そこがうまくスイッチできていてとっても楽しいです」と尚樹君は言います。遊ぶことのおもしろさ、楽しさを、彼は心と身体で知っています。

毎年の夏、品川の六行会ホールではチルドレンズフェスティバルが開催されます。これは子どもたちに文化・芸術に触れる機会を広げ、文化の香りのする街づくりに貢献しようと、地元の創造団体にホールが提供されるもので、地域からの文化発信をする数日間の一大イベントです。「おばちゃんち」は昨年、ここで「ほんわかステージ」と銘打って楽しい舞台を繰り広げましたが、その中のひとつとして、尚樹君たち四人のストリートダンスチーム「エクスプロージョン」がブレイクダンスを披露しました。

そのとき尚樹君がステージでこんなことを言いました。「僕たち、児童センターの職員さんに思い切り遊んでもらいました。自分たちが職員さんたちにしてもらったことを、今度は僕たちがしよう。そう思って、僕たちは今、中・高生にダンスの楽しさを伝えています」と。

その心は、「純粋に下の子たちと楽しく遊びたいという思いと、自分たちの楽しかった思い出を僕らだけでとどめてしまうのはもったいないので下の子たちに伝えていきたい気

「おばちゃんち」のイベントには欠かせないエクスプロージョンのダンス

持ちと、その両方」だと言います。

尚樹君たちダンスチームのメンバーは、東品川の児童センターを中心に、いろいろなところで中・高生にダンスを教えたり、一緒に練習したりしています。「三年前、あるところで中学三年生に教えたんですよ。その子たちが今は高校生になっているんですけど、彼等、今、下の子たち、中学生や小学生になんとなく教えているんです。『あなた達のおかげでできたんだ』とその子たちに言われたときは、ちょっとうれしかったですね。サイクルができたなあって」と実にうれしそうに言います。「児童センターの職員さんたち、昔に比べて今は事務量が増えて事務に追われているから、今度は僕たちが頑張って下の子たちに楽しさを伝えたい」とも。

北浜公園での「ホットほっとＨＯＴ」の活動も同じこと。思い切り遊んで、その楽しさを小さい子どもたちと、親たちと共有しながら、伝えていきたい。そして、そこで育つ関係をあたためていきたい。そんな思いなのでしょう。

「ここは顔さえわかっていればＯＫの関係なんですよ。で、街中で会うことがあれば、『この間はどうもありがとうございまし

ホットほっとHOT名物マシュマロ焼き

た』なんて挨拶ができる。そんな関係がここではもてるんですね。名前はわからなくても『この前、一緒に遊んだお兄ちゃんだよね』という感じでね」。そういう会話が北浜公園を離れて、他のところでできる。それぞれがあちこちでそんな会話をする。それが「おばちゃんち」のもつおもしろさだと言います。

尚樹君もすっかりそのおもしろさにはまった人。そしてさらにそれらを伝える人になってます。八神さんや幾島さんたちの「思い」も「してきたこと」も、彼らはしっかり受け止め、次の世代へつなげています。

すごくいい人間関係を、お互い学びあった

尚樹君たち若い世代が、「人と人のあたたかい関係」や「心を共にする楽しさ、おもしろさ」を次の世代に伝えたいと思うようになったその根底には、彼らと児童センターの職員たちとの日々の積み重ねがあったというのは、彼らの言葉からもわかりますが、中でも八神さんの存在が非常に大きいと、幾島さんは言います。

児童センターの職員には異動があります。二つ目に八神さんが行った児童センターは、東品川の小さなセンターでした。小さいということもあって入館者が少なく、ほとんどが

学童クラブの子どもというような感じでした。そこで、「よーし、少し増やしてやろうなどと思って、いろんな子たちと何年もつきあっているうちに、ずーっとその子たちが来るようになって……」。八神さんはさらりと言いますが、子どもたちが来るのには理由があります。

八神さんは子どもたちと、いつでも真剣に向き合う人です。「こちらが一生懸命やると、子どもたちも本音でつきあってくれる」。そんな関係の中で、学童クラブの年齢を過ぎても、小学校高学年になっても、中学生になっても、高校生になっても、その子たちが来る。尚樹君もこのような中でやってきたのでした。

今では児童センターも中高生事業に力を入れていますが、その頃は小学生の事業が中心でした。中高生はボランティアをやりたい子が来るとか、常連さんが来るという程度で、細々参加の時代でした。それが中高生も来るようになってきて、その子たちも年齢を重ねていきますから、八神さんがそこから次のセンターに異動するころには、二〇歳を過ぎた子たちも来ていました。児童センターというところは年齢制限があるようなないようなところ。東品川児童センターには幼児クラブもありましたから、幼児から青年までが一緒に遊ぶ、そんな児童センターになっていきました。

中高生も来るようになってきたら、これがとってもおもしろい。その頃、このセンターでは「天下」というドッジボールのような遊びが流行っていました。みんなこれが大好きで、よくやっていましたが、小学六年生までの子どもたちだけでやるより、中学生が混じったほうが、はるかにおもしろくなるのです。このゲームは、自分にボールを当てた人が誰かに当てられると自分が生き返ることができるというもので、単純なボールの当てっこですが、やんちゃな子も幼児さんに投げるときはやさしくポイと投げます。強い子も幼児さんに投げられると当てられてくれます。幼児さんはお兄さんに当たるともう、とってもうれしい。

小学生同士であれば、強い子がバンバン当てて、簡単に勝負がついてしまいますが、幼児さんのポイと投げたボールに強い子が当てられてくれるので、みんながワッと生き返ったりして、なかなか終わりません。家族のようなやさしい雰囲気が生まれて、大きい子も小さい子も楽しいのです。「みんなですごくいい時間を過ごしたんですよ」と八神さんは言います。

そのときの子どもたちが今、「おばちゃんち」のスタッフとして、何人も来ているということです。「ホットほっとＨＯＴ」で子どもたちと遊んでいた尚樹君も、「おばちゃんち」の保育サポーターの野村留美ちゃんも、そのときの子どもたちです。尚樹君は大きなお兄ちゃんで、留美ちゃんは時々泣いたりしていた小学生。男の子たち同士でけんかが起こって止めにはいったり、泣いたり泣かせたりといったことも数々ありましたが、それらを経ながら彼らはいい仲間となり、そして今もより深くいい仲間です。

八神さんが異動でこのセンターを離れるときは、中学生だったり、高校生だったり、社会人になっていたりの子どもたちは、異動した後も「会いに来てくれたんですよ」。そう八神さんは言います。自分たちの話を聞いてくれる、気持ちを受け止めてくれる、心配したり、一緒に考えてくれる八神さんに、みんな会いたかったのでしょう。

心が揺れながら悩みながら大人になっていく時期です。学校のこと、家のこと……。悩み事があって「聞いてほしい」というときは、仕事が終わってから待ち合わせをして、会って話をしました。そういう日もあれば、夜、児童センターを借りて一緒に遊ぶこともありました。八神さんは彼らと、ずっとそんな心と心のつながりを続けてきました。

昔、子どもの周りには、実の親の他に、取り上げ親や、名付け親や、乳親といったいろいろな仮親たちがいました。仮親は、子どもたちの育ちをあたたかく見守り、親には言えない悩みも聞いてくれたものです。そんな仮親たちがいなくなった現代の地域社会の中で、八神さんは現代の仮親のように、仮お姉さんのように彼らとつきあってきたようです。ある意味では彼らのそうした家族なのかもしれません。

その八神さんが、「今度『おばちゃんち』っていうのをやるんだけど……」と言ったとき、

「赤ちゃん、抱いてみたい」、「おもしろそうだから、ちょっとやってみる」と、女の子からも男の子からもすぐこんな声が返ってきました。人のつながりのおもしろさ、やさしさ、あたたかさを肌で感じてきた彼らは、もっといろいろな人たちとそれらを共にすることに期待をもって「おばちゃんち」の活動に加わってきました。そして今、その彼らがヤングスタッフの核になっています。

「縁あって、ずっとつきあっていける子どもたちとめぐりあった。すごくいい人間関係をお互い学びあった、教えてもらったという感じです」。八神さんのその言葉に、「人が育つ」ということの深さを感じます。

若者のつどい「なんくるないさ〜」が生まれた

「ホットほっとＨＯＴ」を始めると、若者たちがたくさん参加してきました。若者たちは小さな子たちの世話をし、遊んでくれます。でも彼らには、それだけでなく自分たちもしゃべりあったりワイワイして楽しみたい。そんな気持ちもあります。

「やっぱり彼らの居場所があるといいなあ」。八神さんは思っていました。「たまり場のようなところでしゃべったりする中で、『こいつ、なかなかいいヤツじゃん』とか『えっ、こいつ、こんなこと考えているじゃん』とか、いろいろなことがわかってくるのよね。そんなところから信頼の関係って深まっていくんじゃないかな。そういう時間と場所をつくりたいなあって、ずっと思ってたんですよ」。

渡辺さんもそれを思っていました。「ねえ、早く始めてよ」。渡辺さんからのそんなエールも受けて、若者たちが始めたのがヤングのひろば「なんくるないさ～」です。ヤング会員と呼ばれる一〇代、二〇代の人たちが月一回集まって、みんなでクッキングをして、一緒に食べて、おしゃべりをし、情報交換をし、楽しくすごそうというものです。二〇〇六年秋にスタートしました。

「なんくるないさ～」というのは、沖縄の言葉で、「なんとかなるさ」というような意味。気楽にいこうぜ、何でもいいよ。そんな若者仲間への呼びかけです。その言葉どおり、「おばちゃんち」に関わりをもっていない人も来てもいいよという、誰もが気楽に来られるつどいのひろばです。

仲間には学校へ行っている人も、社会人もいます。ほんわかステージで、尚樹君と共にブレイクダンスを踊ったエクスプロージョンの石井君は社会人。みんなが「いっちー」と呼ぶ仲間です。「たんたん」と呼ばれている丹野さんは、学生時代から子どもと関わり、今は川崎市の児童館で働く職員。いろいろな仲間がいます。

つどいはインターネットで呼びかけ、互いにメールで連絡しあい、買い物に行ける人を募ります。買い物メニューの決定も彼らが自分たちでします。料理はカレーだったりお好み焼きだったり、たこがひとつも入っていないたこ焼きだったり……。「今日は俺が腕を振るうよ」と男の子が頑張ったり、「私がやるよ」と女の子がはりきったり。

食べながらいろいろな話が出てきます。思い悩んでいることも、考えていることも。誰かから「大学をどうしようか迷っている」という話が出ると、「行けるんなら行った方がいいよ」と誰かが言います。「そういうことをやりたいんなら○○学科がいいよ」と他の誰かが言います。既に社会人になっている子が「働くってのはこんなに大変なんだよ」と具体的な話を通して教えてくれたりします。いろいろな年齢の彼らは互いに豊かに学びあっています。

「なんくるないさ～」は毎月一回、場所は品川宿「おばちゃんち」です。六時頃から集まって、七時くらいには食べ始めて、九時までには食べ終えてみんなで片づけをする。毎回、そんな感じで始まり、終わります。

「なんくるないさ～」のメンバー　青春ゆえの恋も悩みも…

楽しいつどいですが、失敗もあります。品川宿の「おばちゃんち」には一時保育の「ほっぺ」がありますから、ここには赤ちゃんたちの食器もあります。初めの頃、使ってはいけない赤ちゃんの食器を間違えて使ってしまって叱られたこともありました。でも、そんなとき、ここで保育ボランティアをしている留美ちゃんから、毎日ここで生活している子どもたちの話を聞き、赤ちゃんにとっての離乳食の食器がどういうものかということを語って聞かされ、彼らもひとつひとつ学び、「保育に支障のないようにきちんとしようね」と解決していきます。

こうした日々を通して、自分たちの楽しさと共に、「おばちゃん」も「赤ちゃん」も「若者」も一緒にこの街に暮らしていることを、彼らは実感し、自分たちのものにしています。つながり、街模様を編んでいく次の世代が育っています。

この若い仲間の中から、カップルも誕生しました。愛美ちゃんと宏樹君です。二人は北品川児童センター育ち。そして「ホットほっとＨＯＴ」のヤングスタッフとして、仲間たちの中で二人の愛を育んできました。二年前、愛美ちゃん一八歳、宏樹君二四歳で結婚したときは、若い仲間たちがみんなで「結婚を祝う会」をもったということです。みんなうれしくて、うれしくて、それはそれは大張り切りで、何から何まで自分たちで準備し、すてきな「祝う会」を催したそうです。その際に、「私たちのときも必ずやってね」と、もう事前予約の声をかけた人もいるとか……。そうなのです。もう一組、次に続くカップルが誕生しているようです。いずれも「なんくるないさ〜」の仲間たちです。

ヤンティーさんのこと

六行会チルドレンズフェスティバルでの「おばちゃんち」のほんわかステージには、尚樹君たちのブレイクダンスの他にも、片山さんの「モダンダンスカンパニー　シーガル」の子どもたちのダンスや、「子ネット」にも参加の「にこにこ☺ぽっけ」の音楽遊びなど、六つのグループが楽しい舞台を展開しました。その中のひとつ「ＹＡＮＴＹ」はファミリーバンドです。お父さんがベース、お母さんがキーボード、中学生のお兄ちゃんがドラム、一番下の六歳のはるかちゃんは木琴です。

この「ＹＡＮＴＹ」と「おばちゃんち」をつないだのも八神さんでした。お兄ちゃんも妹も八神さんのいる児童センターの利用者です。以前から、この家族が地域で演奏活動をしているという話を聞いていて、八神さんは「家族でひとつのことができるってすてきだなあ」と思っていたということです。そこで、児童センターの文化祭に家族で出演をしてもらいました。するとこれが大好評。歌もお父さんとお母さんが作っているのですが、「かたづけなさい」とか「走るな」とか、子どものいる生活そのものをうたっているので、実に面白く、共感と親しみを抱くものです。

　これは楽しい。「おばちゃんち」のほんわかステージにぜひ……となったのですが、このヤンティーさんのお父さん、「おばちゃんち」とはまだ縁がありませんでした。出演に先立って、「おばちゃんち」ってどんなところだろうと、品川宿「おばちゃんち」にやってきました。

「ほっぺ」では、その日は岩崎さんが保育に当たっていました。入ってきたお父さんが岩崎さんの姿を見て、「岩崎先生じゃないですか。僕、穂刈です」。お父さんを見上げて岩崎さんが声を発しました。「えっ、もしかして穂刈君？」。そこに立っていたのは、岩崎さんがかつて区立の保育園にいたときのかわいい園児、穂刈君。双方とも思いがけない再会にびっくり。そして大喜び。なんと、大きくなって、お父さんになって、そして今は、学校や児童センターなど地域のあちこちで家族一緒に演奏活動をしているというではないですか。

　岩崎さんは彼のクラス担任はしていませんでしたが、お互いよ

ファミリーバンド「YANTY」は地域で大人気

くおぼえていました。子どもの育ちに関わるというのは、こういう喜びともつながっています。地域の保育園で、児童センターで、いつくしんだ子どもがすくすく育って、今度はその子どもが地域の人と人、心と心をつなぐ営みをしている。これは「おばちゃん」冥利とでも言ったらいいでしょうか。「おばちゃん」たちの思いはさまざまなところでさまざまな形で受けとめられ、そうして育った人たちが次の時代を創っていきます。

次世代が育つ。街に人の関係が育つ

「モダンダンスカンパニー　シーガル」の片山さんは、自分の育った街についてこんなふうに言っています。「この街には私のことを知っていて挨拶してくれる人がいる。親の代の人も私のことをよく知っていてくれる。もう既に亡くなりましたけど、おじいちゃんやおばあちゃんの代の人も私のことを知っていてくれました。そして私も、自分の同年代の人はもちろん知ってるし、上の代の人も知っている。自分の子どもたちの代の人も、その人たちが生んだ子どもたちも知っています。私はひとりなんだけど、私の周りにいる私を知っている人たちを通して、上の人たちも知ってるし、下も知っているし、横も知ってる。知ろうと思って知ったわけではないけれど、そこに生きているから自然と知るようになりますよね」。街に暮らす、街に育ち、生きるということがどういうことなのか、片山さんらしい言葉で語ります。

「役所の課長と話をするときもね、ちっちゃいときから知っているから、ちっちゃいときはピーピー泣いてた子だったよねって、思い浮かべる。だから役所の課長を前にしてしゃべっているんじゃなくて、ピーピー泣いているあの頃の子どものあの人としゃべっているんだってね……」。街が育む人と人の関係とはつまりそういうこと。人のつながりのある街では、人は人らしく、ありのままに生きていけます。

片山さんが語るように、そんなちょっと前までの街の匂いをまだ残している品川ですが、一方では高層マンションが建ち並び、気密性の高い家に、核家族化してますます小さくなっていく家族が孤立的に住むという状況も進んでいます。街が変化していくと共に、「上も下もみんな知ってる」という間柄はだんだん少なくなっています。

でもそんな一方で、新しい躍動もあります。この地域の保育園や児童センターで育った子どもたち、職員たちにていねいに寄り添ってもらって「子ども時代」を生きてきたその喜びをもつ子どもたちが、地域のその次の世代に自分たちのその思いをつないでいこうとしています。大人たちから、子どもへ、子どもたちが成長してまた次の世代へと、そんな思いと行動のうれしい循環が生まれています。

さらには彼らが寄り添ってもらった育ちの日々の中で培ってきた、人への信頼が「おばちゃんち」への期待や信頼とつながって、赤ちゃんも、幼児も、青年も、お母さんも……そして七〇代のおばちゃんもという、まさに世代を超えた大きな人のつながりが、街の中に生まれています。旧来のそれとちょっと違うのは、古くからこの街に住む人も、ついこの間引っ越してきた〇歳児のお母さんも、誰でもどうぞという「ホットほっとＨＯＴ」のような場を用意していること。そして興味深いのは、そこでは、若者もお母さんたちも「おばちゃん」も、「こんな楽しさがあるなんて、今まで知らなかった」という表情で、この超世代の雰囲気を楽しんでいることです。

六〇代の「おばちゃん」と親族ではない二〇代の青年とが楽しげに会話する、三〇代のお母さんと高校生とが街で挨拶を交わす。若者も、子育て世代も、孫育て世代も、さらにその上の世代も、みんなが入り交じって子育てをする。そんなおもしろい人のつながりが今、品川の街に生まれてきています。そして、そこには「おばちゃんち」の風が快く流れています。

終　章

「みんなで子育て」の街づくりのために

住民が主人公であるために

品川には、ほんとうに一〇〇人の「おばちゃん」がいました。品川宿で、大井町で、大崎で、五反田で、荏原で……、この一年、たくさんの「おばちゃん」に出会いました。「おばちゃん」たちそれぞれが吹かせるさまざまな風に吹かれ、その中で、私も発見をしたり、刺激を受けたり、考えたりしました。

大いに刺激を受け、興味深いあり方として考えさせられたことのひとつが、地域で親子と直接関わり合っている自治体職員のことです。「おばちゃんち」では、幾島さん、八神さんなど現役自治体職員たちがプライベートな時間を使って活動しています。それも、見事に裏方的な活動の担い手となっています。さまざまな年代の「おばちゃん」たち、現役ママたち、若者たちが、それぞれのびのびと力を発揮して、品川の地で自分らしく充実した日々を生きられるようにと、しっかり下支えをしています。NPO法人「ふれあいの家―おばちゃんち」事務局長の幾島さんは、週休二日のうちの一日半くらいを「おばちゃんち」の活動に当てています。

代表の渡辺さんも元児童館館長です。土屋さんも元児童館職員ですし、矢内さんや岩崎さんなど「ほっぺ」の保育士保育スタッフも、いずれも品川の公立保育園で保育をしていた人たちです。自治体元職員たちもまた、地域の中にどんどん入っていって、そこに暮らす人びとと共にさまざまな活動を展開しています。行政の現場で鍛えてきた力が、街のあちこちで、生活者である「おばちゃん」たちの知恵や力と響きあい、溶け合う形で活かされています。それは、渡辺さんが自治体職員であった頃からの思いの具現でもあります。

公務員の再雇用や再任用という形で行政の一部分として子育て支援施設などで働くのとは違って、自らの意志で、地域の中に入っていき、行政の施策の狭間のようなところにいる親や子の実状と向き合い、寄り添い、親子の現実から学び、自分たちで歩みのあり方を模索しながら、一歩、また一歩と歩みをすすめている彼女たち。子育ての現場で働いてきた公務員たちの底力を見る思いです。

昨今は、子育て支援の分野でも行政と住民との「協働」が盛んに言われています。九〇年代末から二〇〇〇年代の初頭にかけては、今日の子育てが抱える困難状況を背景に、その状況をなんとか切り開いていこうという草の根の子育て支援活動が全国各地で

パラグアイ出発前の土屋さん（中央）と　代表の渡辺さん（右）、事務局長の幾島さん（左）

生まれてきました。「こうあったらいいなあ」という地域の親たちの切なる思いとその声を、ひとつひとつ形にし、それらの具体的な姿を示しながら行政に根気よく働きかけ、いわば行政をリードする形で行政との協働を実現してきた草の根の子育て支援グループの活動は、子育て行政にさまざまな刺激をもたらしてきました。地域の子育て支援グループが自治体の子育て支援策に一定の影響力をもつという状況も生まれてきました。

こうして、親たちが企画、編集する地域の「子育て情報誌」に公的なお金が出されるようになったり、お母さんたちや子育て支援グループが地域につくった親子の居場所が公的支援の対象になったり、行政と地域住民とが一緒に子育てイベントを企画、実行する形が実現したりと、主権者である住民と行政とが一緒に自分たちの子育て環境をつくっていくという形が全国のあちこちに展開するようになりました。

しかし、行政の姿勢によっては、「協働」とは名ばかりで、行政の事業に住民を形だけ参加させるものや、子育てに関わるＮＰＯなどのグループ、団体を、子育て支援事業の低コストの下請け組織のような位置においてしまっているところも少なくありません。「協働」という言葉が行政責任放棄のかくれみののように使われている実態も見受けられます。子育て支援グループからも、委託事業という形は何かと縛りが多く、子育ての現実に対応した活動ができないという悩みが聞かれたり、年度を区切った補助金では安定的な活動の見通しがもてないという悩みが聞かれるなど、地域の子育て状況を切り開いていこうという住民の意欲やエネルギーが行政の「事業」という形の中に吸い込まれ、ジレンマや不安とともにある状況も見られます。主権者である住民がほんとうの意味で地方自治の主人公になるためにはどうあったらいいのか。まだまだこれから現実の活動を通して議論し、模索していくことが必要なテーマであろうと思います。

多くの自治体における子育て支援の「協働」事例を見てみると、役所レベルの協働、つまり役所の子育て支援課や児童課などにおける予算や企画に関わるところで取り組む「協働」がほとんどであることに気づきます。それに対し、品川の「おばちゃんち」が見せてくれたのは、「ほっぺ」のように区の委託事業も行うけれど、同時に行政の一員である人たちが、また、行政の一員であった人たちが、自ら「おばちゃん」として、地域の「おばちゃん」たちと一緒に街をつくっていこうとしている姿です。生活の足もとの部分から、行政の人びとと住民が結びあい、一緒に考え、切り開いていこうとしている。このことが、住民と行政のあり方を考える上で、ひとつの示唆を与えてくれているように思います。

街のあちこちで孤立して暮らす親子が地域の主人公の一人ひとりになれるためには、具体的で細やかで柔軟な議論や行動ができる、そんな行政と街の人びととの関係が不可欠です。

公的な子育てが積み上げてきたものは大事な宝

取材の中では、若い母親たちの話の中にも、若者たちの話の中にも「児童センターで……」という言葉が実にたくさん出てきました。保育園の話も出てきました。ヤングスタッフの中には、「ほっぺ」の保育スタッフに保育園時代におむつを換えてもらった人たちもいましたし、ヤンティーのお父さんも保育園育ちでした。保育園で、保育士たちが子どもたちをいつくしみ、バトンを受けとるように今度は児童センターで児童センター職員たちが子どもたちとじっくり付き合い、一緒に喜んだり、一緒に悩んだりしながら成長の日々を共に歩んできました。大人たちにそのようにしてもらって子ども時代を歩んできた子どもたちは、大人たちのその思いをしっかり受けとめ、「人」らしく生きることを快いこととして感じ取り、育っていました。

親たちも児童センターで「ここを使ったら」「やってみたら」とやさしく声をかけてもらい、相談にのってもらい、また、共感のうなずきをもらい、ちょっと背中を押してもらうことで、自分の思いを一歩進めることができ、自分らしさを発揮することができました。この取材から見えてきたのは、子育てに関わる公的施設の人びとが、しっかりと、そして見事に、子育てにおける公的役割を果たしている姿でした。

正直なところ、親子の最も身近なところにいる行政の職員たちが、こんなにもていねいに子どもや親に寄り添い、支えているということに、驚かされました。また、そんな関わりを得て「人の心」を感じながら育った人たちが、さらに「おばちゃんち」と出会い、つながりの世界を一回り大きくする機会を得たことで、多様な人びととつながることのおもしろさや快さを知り、人のつながりもやさしさも一気に面にひろがっていくという、そのダイナミズムにも目を見張りました。公的な子育ての場がしっかりとその役割を果たすことと、「おばちゃんち」がつくろうとしている街の人びとの力と、そのどちらもが必要であること、その両方が互いに響きあう関係があることが街をつくっていくことにつながるのだということを、親たちや若者たちが、事実をもって教えてくれています。

保育園や児童センターが日常的にすばらしい仕事を積み上げている姿と共に、それらの現場では、だんだん人が減ったり、事務量が増えてきて、ゆとりがなくなっているという状況も何人かの人から語られました。これは別に品川だけの特殊状況ではなく、今、全国各地にある状況です。ますます厳しい子育て状況をふまえ、国も、どの地方自治体も、「子育て支援」を掲げていますが、施設や人の配置の水準を下げることによって量的拡大をはかっていこうという「支援策」が、昨今は幅をきかせるようになってきました。それらの

「支援策」が品川に見るような長年にわたって築いてきた公的子育ての現場のすばらしい財産を、足元から崩していってしまうことを懸念します。公的な子育ての場の質が維持されることもまた、街の子育て環境の大事な要素と言えます。

「街づくり」は子育て支援の本筋

子育て支援の声の高まりの中で、子育て支援センターもつどいのひろばも、数が増えてきました。保育園の受け入れ児童数も、延長保育も休日保育も一時保育も増えています。少子化の進行の中で、国は九〇年代以降今日まで、エンゼルプラン、新エンゼルプラン、子ども・子育て応援プランを出し、少子化社会対策基本法、次世代育成支援対策法を制定し、数値目標を掲げ、積極的にその拡大と充実を図ってきました。

街の中にそうした親と子の安心の拠り所が増えていくことは、親たちにとって心強くうれしいことです。しかし、子育て支援の場やシステムが増えさえすれば、子育ての困難は解消するかといえば、そういうわけにはいかないでしょう。実際、児童虐待の相談件数も、虐待によって亡くなる子どもの数も増えています。こうしたデータは、助けが必要な親子に、気持ちも、手も、まだまだ充分に届いていないことを示しています。

子育て支援センターに行けばお母さんはほっと一息つけますし、相談にものってもらえます。うれしい場ではありますが、それは街の中の点にすぎません。子育て支援センターという点、つどいのひろばという点、保育園や幼稚園という点、児童館という点。子どもたちは点の上だけで、囲いの中だけで、育つわけではありません。こうした場やシステムの整備と共に、日々の暮らしの場である街を、地域を、子どもたちが「人」として育っていける環境にしていかなければ、今、深刻化している子どもの育ちにくさも、親の育児の大変さも解消していきません。点にとどまらず面をつくっていくこと。それを「おばちゃんち」と「おばちゃんち」に連なる人びとは、風を吹かせ、また風に吹かれながら、展開していました。

私の住まいに近いある市の、ある小学校近く。交通量の多い道路の脇に、児童会とＰＴＡの連名のこんな標語の看板が立っています。「小さな命、守れるのは自分だけ」。一瞬、読み違えではないかと思ったものです。多分、子どもたちがつくったたくさんの標語の中から、選ばれたものでしょう。親も教師も皆、「人にやさしい、思いやりのある人に育ってほしい」と願っています。しかし、命さえ失われかねない現実社会の厳しい状況の下で、私たち大人は知らず知らずのうちに子どもたちの心にこんな意識を育んでしまっています。また、そのことのおかしさに気づかないほど、先生も親も厳しい社会の中で日々を過ごしています。「人にやさしい」とはどういうことなのか。それは理屈で学ぶことではなく、日常の暮らしの中で、豊かな経験を通して風を感じるように感じ、学んでいくことではないでしょうか。改めてそんな環境の構築が求められる時代です。

子どもたちが「人」として健やかに育つためには、親だけでなく、多様な人びとと触れあい、さまざまな経験を豊かに積んでいくことが必要ですが、そのためには、親子の周囲に、声をかけてくれたり、心を寄せてくれたり、力を貸してくれるさまざまな人たちがいてくれることが欠かせません。ということは、赤ちゃんから高齢者まで、若者も、お母さんたちも、おばちゃんたちも、おじちゃんたちも、その街に暮らすさまざまな人たちみんながいきいき暮らせる街でなければなりません。そんな街をつくっていくことこそが、子育て支援の本筋でしょう。

品川の「子ネット」には、街づくり活動をしている「旧東海道品川宿周辺まちづくり協議会」も参加しています。商店街の人もゲスト参加して、街づくりの話をしてくれます。子どもたちが安心して歩ける街、商店のおばさんが店の前を通る子どもに声をかけてくれる街、子どもとおとしよりがおしゃべりができる街、お母さんと近所のおばちゃんが立ち話ができる街。そんな街であるためには、人の関わりのあり方と共に、道路の道幅も、どんな街並みであるかも、商店街の活気も、おろそかにできない大事な要素です。

人が人らしく暮らし、人が互いに豊かに育ちあうところとして、空間環境も含めてみんなで「街」を論じあい、構築していく。そんなあり方が子育てをみんなで支えていく街を育てます。子育て支援は街づくりだ。この取材を通してますますその意を強くしました。

「子育て支援」などと言わなくてもよい街に

「子育て支援っていうと、支援する側とされる側になってしまいがちだけれど、ここは参加者がお客さんになってしまわないんですよね」。取材の中ではそんな話が出てきましたが、よその地域では、しばしば親たちが子育て支援の「お客さん」になってしまっているという話を耳にします。子育て支援活動に携わっている人から、「今のお母さんたち、受け身なんですよね」と、参加する親の姿勢を嘆く言葉を聞くこともあります。支援者の側は親たちが自主的な活動を展開することを期待しているけれど、親たちはもっぱら支援を享受するだけだというのです。

しかし、「ホットほっとＨＯＴ」で私が見たのは、誰もが主人公で、遊びにも、子どもの世話にも、みんなが主体的にとりくんでいる姿でした。「ニッコリータ」では、そこにいたお母さんが訪問者である私に心遣いをみせてくれました。「ＳＫＩＰ」の仲間たちは、冊子を制作するだけでなく、自分たちで販売して、制作資金も作り出しています。母親たちは預かりあいをしたり、自分のテーマを追求したり……と、たくましく、自分らしく、活動していました。もしもその姿に実際に触れたら、「今の親たちは受け身だ」などとはとても言えないでしょう。品川のお母さんたちは実に能動的です。そしてそこにあるのは「支援する人」も「される人」もない関係でした。でも、品川のお母さんたちが特別な存在だということではないと思います。どのお母さんも、自分らしさを発揮したいという内なる能動性をもっています。

点としての「支援」の場の難しさは、「支援」という看板を掲げることによって、どうしても「支援する人」と「される人」という構図ができてしまいがちだということです。加えて、私たちは今、消費文化の中で日々を過ごしています。サービスは買うもの、あるいは利用するもの……という意識が私たちを包み込んでいます。支援の提供に対して、サービスの利用者として、お客さんの意識で参加する人がいたとしても、それはある程度はいたしかたないことでしょう。なにしろ提供者と利用者という消費社会の人の関係については豊富な経験をもっていても、暮らしの中の人の関係の妙など、ほとんど経験したことのない人のほうが多いのですから。

損か得かというような価値観が支配する消費文化世界の人のありようとはまったく違っ

て、心配をしても一文の得にもならないのに人のことを心配し、余計な世話をやいてしまうというのが「おばちゃん」という存在です。暮らしの中の人の関係です。

取材で出会ったお母さんたちは、ちょっとした人との出会いに始まって、さまざまな人たちとつながりをもち、一緒に取り組んださまざまな活動を通して、人と人の関係について学んだり、発見をしたり、さらには「仲間」という新しい関係を構築していました。また、保育をしてもらったり、「ホットほっとＨＯＴ」に参加したり、子ネットに参加することを通して、お母さん同士の関係だけでなく、人生の歩みも暮らしの背景も異なる人びととも関わる体験をして、これまでに経験したのとは違う人と人とのあり方も、実際に身体と心で感じ、そのおもしろさや快さも知りました。三〇代ママと七〇代の「おばちゃん」が掛け合い漫才のような会話をする。二〇代のヤングスタッフと幼児のお母さんが立ち話をする。そこには「支援する人」も「される人」もありません。どちらがどちらを支援しているのか、わからない関係です。「おばちゃんち」の風に吹かれながら、互いに尊重し合い、支え合うという、街の人の当たり前の関係を、お母さんたちはいつの間にか自分のものとしています。

この姿は、「面」をつくっていくことと不可分です。渡辺さんが「『おばちゃんち』が風を吹かせる」「風を感じた人がまた風を吹かせる」と、そんなふうに言うのは、人の関わりを通して、そこでの人びとの実感を通して、この「面」を構築していく、その営みの表現なのだと思います。そんな風があちこちで吹いて、人が人らしく生きられる街になる。「子育て支援」などと言わないでもよい街になる。「おばちゃんち」はそんな街づくりを目指しているのだと思います。

地域の家族となる

「おばちゃんち」の代表である渡辺さんと若いお母さんがおしゃべりしているのを横で聞いていると、実家のお母さんとおしゃべりしているような、あるいは親しい親戚のおばちゃんと話しているような、時々そんな錯覚を覚えるような、不思議な感じがします。よその人と話すときの構えた感じがないのです。お母さんがポロリと自分の気持ちを言ったり、素直に意見を聞いていたり。家族の会話のような雰囲気を感じることがあります。

取材の中では、お母さんからは「地域に、子どもが相談にのってもらえる人ができた」ことを喜ぶ声が聞かれました。実の親の他に、かつてあった仮親のような存在が地域にできてきたというわけです。

八神さんは、児童センターに来る子どもたちと、お姉さんのような付き合いをしてきましたが、子どもたちが青年になった今も、ほんとうのお姉さんのようです。悩みの相談にものるし、ほんとうのきょうだいのように厳しいことも言える。そんな間柄です。

街の中に、実の家族の他に、家族のようなあたたかさをもって、親、兄弟とはまたちょっと違った角度から、意見を言ったり、支えたりしてくれる、そんな「家族のような存在」がだんだん生まれてきているようです。

品川は古い、歴史のある街ですから、親の代から、あるいはそのもっと前から品川に暮らしているという人が少なくありません。お母さんたちの中には夫や自分の親と、同居や近居という人もいます。「うちは品川神社の氏子よ」「うちは荏原神社」と、そんな会話がある街です。その一方、ベイエリアの街、時代を象徴する街として、大きなマンションが次々と建ち、他の地域から引っ越してきたばかりの若い子育て家族もいる街です。密室孤立育児という言葉がそのまま当てはまるような核家族子育て家庭もあります。実家は遠く、近隣に相談にのってもらえるような人もなく、子育ての毎日の中で、不安やイライラをつのらせている母親もいるでしょう。

そんな心細い母親たちに、おうどんを食べさせてくれて、愚痴を聞いてくれたり、頷いてくれたり、親身になって意見もしてくれる、そんな実家のお母さんのような、家族のような「おばちゃん」がいてくれたらどんなに心強いことでしょう。

実家が遠くなくても、実家のお母さんとはいつもぶつかり合ってばかりで、相談にのってもらうことができないという人も、少なからずいます。肉親であるが故に、感情が先に立ってしまって、話ができないのかもしれません。そんな状況にある人も、自分の話にゆっくり耳を傾けてくれる人、親戚のおばちゃんか、おばあちゃんのような人を欲しています。

暮らしの環境が変わり、家族の規模が小さくなり、コミュニケーションが難しくなっている今の時代だからこそ、実の家族とは違う側面をもつ「地域の家族」のような「おばちゃん」の存在が必要とされているのだろうと思います。「おばちゃんち」は、ノスタルジーのようであって、実は極めて現代的な課題と真正面から向きあっているのだと思います。「おばちゃんち」の風があちこちで吹き、「おばちゃん」のいる街が「面」として広がり、「おばちゃん」の声や手が、どこにも届くようになることが、「お母さんひとりで子育て」の状況を変えていくカギになると考えられます。

親と子は、今、もうひとつの新しい問題に直面しています。日本の貧困率は、OECD加盟国の中で、アメリカに次いで第二位です。新しい貧困と、格差社会化が急速に進んでいます。特に雇用の形の問題と重なって、若い人たちの貧困が大きな問題となっています。それは子どもや子育てにもじわじわと及んでおり、次第に深刻化してきています。経済的不安定や、将来展望が描きにくい状況の下で、親の問題、子どもの問題が生じています。誰かに悩みや不安な気持ちを受け止めてほしい。力になってほしい。そういう親子が増えてきているということです。地域のどこにもいて身近である、「おばちゃん」の存在は、ますます重要になってきています。

「みんなで子育て」は、「人」らしい子育て

私たち人間は、古来、「みんなで子育て」をしてきました。現在のような母親がひとりで担う子育ての形が一般化したのは、長い人類の歴史の中では、ごくごく最近のことです。日本では、一九五〇年代末から始まった高度経済成長期に、産業の形が変わり、雇用労働者が増え、核家族化が進みました。さらに七〇年代には家庭内の性別役割分業が進行しました。お父さんは仕事、お母さんは家事・育児という形が一般化したのはこの頃のことです。

それ以前は、家庭内でも地域でも「みんなで子育て」が普通のことでした。農業を営む家庭では、赤ちゃんを「エジコ」という籠に入れておき、農作業の間はみんなで世話をするというのが当たり前でした。少し大きくなった子は地域の空き地や家の前の道路で大き

い子も小さい子も群れて遊んでいましたが、近所のおばあちゃんが孫の子守をしながら目を届かせてくれたり、通りがかりの大人たちが声をかけてくれるのも普通のことでした。

これは日本だけのことではなく、外国でも同様で、スウォドリングという、布で赤ちゃんをぐるぐる巻きにしておき、みんなで世話をするという、日本の「エジコ」と同じような習慣が各地にあり、モンゴルなど地域によっては、今も残っています。

お母さんがひとりで子育てを担う形が多数を占めるようになったのは、家族が小さくなり誰かが育児を担う必要が出てきたこと、労働生産性が高くなって普通の家庭でも専業主婦という形が可能になったこと、産業構造の変化の中で子育てが大きなテーマになってきたことなど、いろいろな要素があげられますが、この時代に同時に進行していった街の変容や地域社会の脆弱化、それによる地域社会の子育て力の弱まり、ということも大きな背景としてあります。

核家族の「お母さんがひとりでする子育て」は、今、第二世代、第三世代の時代に入っています。そして世の中はグローバリズム、新自由主義経済の波の中。街はシャッター通りが増え、子どもに声をかけてくれる店のおじさんやおばさんの姿が見えなくなっています。人びとはスーパーやコンビニで買い物をし、それは便利ではあるけれど、夫が夜遅く帰ってくるまで、一日中、大人と会話することのないお母さんも増えることとなりました。

こうしたなかで「お母さんひとりで子育て」は苦しさを増しています。

チンパンジー研究で有名な京都大学霊長類研究所の松沢哲郎氏は、『赤ちゃん学カフェ』（日本赤ちゃん学会刊）の中でこんなことを言っています。「まとめて産んでその子どもたちをみんなで育てるのが、人間の子育てのユニークな特徴」と。チンパンジーのお母さんはひとりの子どもを五～六年かけて大事に育てるのだそうです。人間で言えば九年くらいに当たるのだそうですが、人間はそうはせず、年子や二～三年間隔など、短い間隔でまとめて産んで、「育て方」のほうを変えたのだとのことです。つまり母親ひとりではなく、「夫や祖父母、広い意味でのヘルパーの援助を得て『子どもたちを育てる』」というように。これが進化の中で人間が選んだ子育てのしかただというわけです。「みんなで育てる」は人間の子育てなのです。

「お母さんひとりで子育て」がますます苦しさを増している今日にあって、「おばちゃんち」が提起しているのは、「昔はよかったから昔を再現しよう」ということではないのです。人間の「人間らしさ」という、根源に関わる問題提起なのだと思います。

「みんなで子育て」の街づくり。そこに「おばちゃん」がいることで、それは育まれていきます。いろいろな「おばちゃん」がいてほしいのです。あなたも、あなたの街で、百一人目の「おばちゃん」になりませんか。

あとがき

「ほっ」というのが書き上げた今の心境です。なんとたくさんの「おばちゃん」たちに話を聞かせていただいたことでしょう。話を聞かせてくださった「おばちゃん」たち、ほんとうにありがとうございました。たくさんの「おばちゃん」たちに心よりお礼を申し上げます。

取材に走っているときは、とにかくおもしろくて、楽しくて、集中的に取材をした夏の期間は、猛暑もなんのその、という感じでひたすら走っていました。ひとりでも多くの「おばちゃん」の話を聞きたくて、品川区内を西へ東へ……。「おばちゃん」たちはそれぞれに実にいいお話をしてくださり、取材テープはあれよあれよという間に山となりました。

ところが、さて、まとめようという段になって、頭を抱えてしまいました。取材したたくさんの「おばちゃん」の宝のようなお話を基にしながら、どう一冊の本として構成するか。ひとつひとつの「おばちゃん」のお話を活かしながら、「おばちゃんち」の歩みと活動を描き、「おばちゃんち」がどういうものなのかを浮き彫りにしていく。それはパズルを完成させる作業にも似ていて、楽しくもあり、悪戦苦闘でもありました。

そんなわけで、「おばちゃんち」の五周年の祝賀会にはこの本ができあがっている予定だったのですが間に合わず、期待してくださった方々に、ご迷惑をおかけしてしまいました。ここにお詫びを申し上げます。

お読みいただいておわかりになったことと思いますが、この本は、「おばちゃんち」の活動は描いてはいますが、その活動紹介をするものではありません。「おばちゃんち」やそこにつながるさまざまな「おばちゃん」たちの姿を通して、今日の、そしてこれからの「子育て」と「街」と「そこに生きる人びと」のありようを、一緒に考えてみませんか。語り合ってみませんか。と、そんな気持ちを込めて綴った一冊です。

この本を読んでくださった方々が、〝風〟を感じてくださって、品川の「おばちゃん」たちのように、互いにつながり合ったり、語り合ったり、何かできること、したいことを始めてくださったら、著者としては本望です。

この本の表紙と本文のイラストは、本文中にも登場していただいている高橋葉子さんが書いてくださいました。「おばちゃんち」の雰囲気を感じていただけるものと思います。巻末の資料編は、幾島さんが中心となって用意してくださいました。本文内容をご理解いただく上で、役立てていただけると思います。また、資料として単独の形でもお役立ていただけるものです。表紙デザインをしてくださった。金子由美子さんも「おばちゃんち」

のお仲間です。つまり、この本は、執筆は私ですが、「おばちゃんち」に関わるさまざまな方がいろいろな形で関与しています。誌面に登場しなかった方も含め、みんなでつくった本というべきものです。この本づくりに関わってくださったすべての方にお礼を申し上げます。

中でも渡辺さん、幾島さんには、取材のスケジュール調整からフィニッシュまで、ご面倒をおかけし、時々、「進行状況、どうですか」の問いやエールで後押しもしていただきました。途中、遠慮のない議論もし、私も「おばちゃんち」の仲間入りをした気分です。

最後に、いろいろアドバイスをくださったひとなる書房の名古屋社長にお礼を申し上げます。そして細かい作業をして手助けしてくださった安藝さん、ありがとうございました。

丹羽　洋子

資　料

巻末の 224 ページから読み進めてください。

おばちゃんち　簡略年表

	支援事業、外部事業参加
	NP（平塚児童センター 1/16～　あんしんセンター 9/2～） 宿場まつり初参加（9/28） ふれあいまつり初参加（10/11） かっぱっこまつり初参加（11/1）
	宿場まつり参加（9/26） ＮＰ（あんしんセンター９月～） ふれあいまつり参加（10/9） かっぱっこまつり参加（11/6） NP（小関児童センター 11/19～）
	てとてとねっと独立事業化（１月） はっぴいトラアングル自主G交流会参加（4/20） 宿場まつり参加（9/25） ふれあいまつり参加（10/8） てとてとねっとメールマガジン創刊（10/29） かっぱっこまつり参加（11/5）
	SKIP　vol.1 発刊（２月） ニッコリータおばちゃんちから独立（7/14） 六行会チルドレンフェスティバル前夜祭参加（7/15） 宿場まつり参加（9/24） ふくしまつり参加（10/7） かっぱっこまつり参加（11/11）
	NP（品川区保育課２月～） SKIP MAP 発行（３月） はっぴいトライアングル「ラ・ラ・ラ手をつなご！」参加（4/22） NP（品川区保育課９月～） 宿場まつり参加（9/30） ふくしまつり参加（10/27） かっぱっこまつり参加（11/10）
	SKIPMAP　マイタウンマップコンクール厚労大臣賞（２月） SKIP　vol.2　発刊（３月） はっぴいトライアングル「ラ・ラ・ラ手をつなご！」参加（4/27）

保育サポーター養成講座（例年）

保育サポーター連絡会（毎月第一土曜日）

子育て・子育ちネットワークINしながわ（例年）

子育てポータルサイトてとてとねっと

ニッコリータ@荏原ほっとサロン（毎週火・水曜日）

入れた「ノーバディーズパーフェクト（完璧な親なんかいない）」という親教育プログラム

特定非営利活動法人　ふれあいの家—

年月日	事　業
2003. 3. 9	ワークショップ「みんなでつくるおばちゃんち」
. 4.20	ホットほとHOT開始
. 7.	家型パンフレット作成
. 9.	子育て支援セミナー開催（全5回）
2004. 5.16	1歳のお誕生ミニコンサート
. 5.17	みこちゃんち（大崎）開始
. 6.14	ホームページ講座開始（後のてとてとねっと）
. 9. 2	子育て情報誌講座開始（後のSKIP）
.12.20	てとてとねっと開始
.12.24	SKIP　vol.0 発刊
2005. 5.15	2歳のお誕生日ミニコンサート
. 6.	子育て支援地域ネットワークづくり事業開始
. 7.	荏原ほっとサロン開設準備参加
. 7.	サポーター養成講座開催（～10月）
. 9. 9	社会教育委託学級「赤ちゃんと話そう」開催
. 9.15	みんなで子育て・子育ちネットワーク会議1 （会議2、10/13、会議3、11/24）
.10. 2	荏原ほっとサロンニッコリータ開設
2006. 1.	保育サポートシステム検討ＰＴ
. 5.21	3歳のお誕生日「ほんわかコンサート」
. 7.	サポーター養成講座開催（～10月）
. 7.14	子育てネットワーク会議INしながわ開催
. 9.	みこちゃんち（大崎）終了
.11.16	ヤングの広場～なんくるないさ～開始
.11.20	品川宿おばちゃんち開始
2007. 3. 2	みこちゃんち（品川宿おばちゃんち）再開 品川子育てメッセ開催
. 5.20	4歳のお誕生日「ほんわかまつり」
. 6.26	子育てネットワーク会議INしながわ開催
. 6.	サポーター養成講座開催（～10月）
. 7.18	六行会チルドレンフェスティバル「ほんわかステージ」
.10.	NP（ワーキングマザー）開催
.11.30	子育てネットワーク会議INしながわ開催
2008. 5.25	子育てネットワーク会議INしながわ開催
. 6.27	第2回品川子育てメッセ準備会開始
. 6.29	5歳の誕生日「ほんわかパーティー」
. 6.	サポーター養成講座開催（～10月）

ホットほっとHOT（毎月第三日曜日）（2003.4～）

みこちゃんち（大崎）（毎週月曜日）（2004.5～2006.9）

保育サポーター派遣システムえくぼ（2005～）

なんくるないさ～（毎月一回）（2006.11～）

預かり保育ほっぺ（2006.12～）

みこちゃんち（2007.3～）

注）NP：カナダから取り

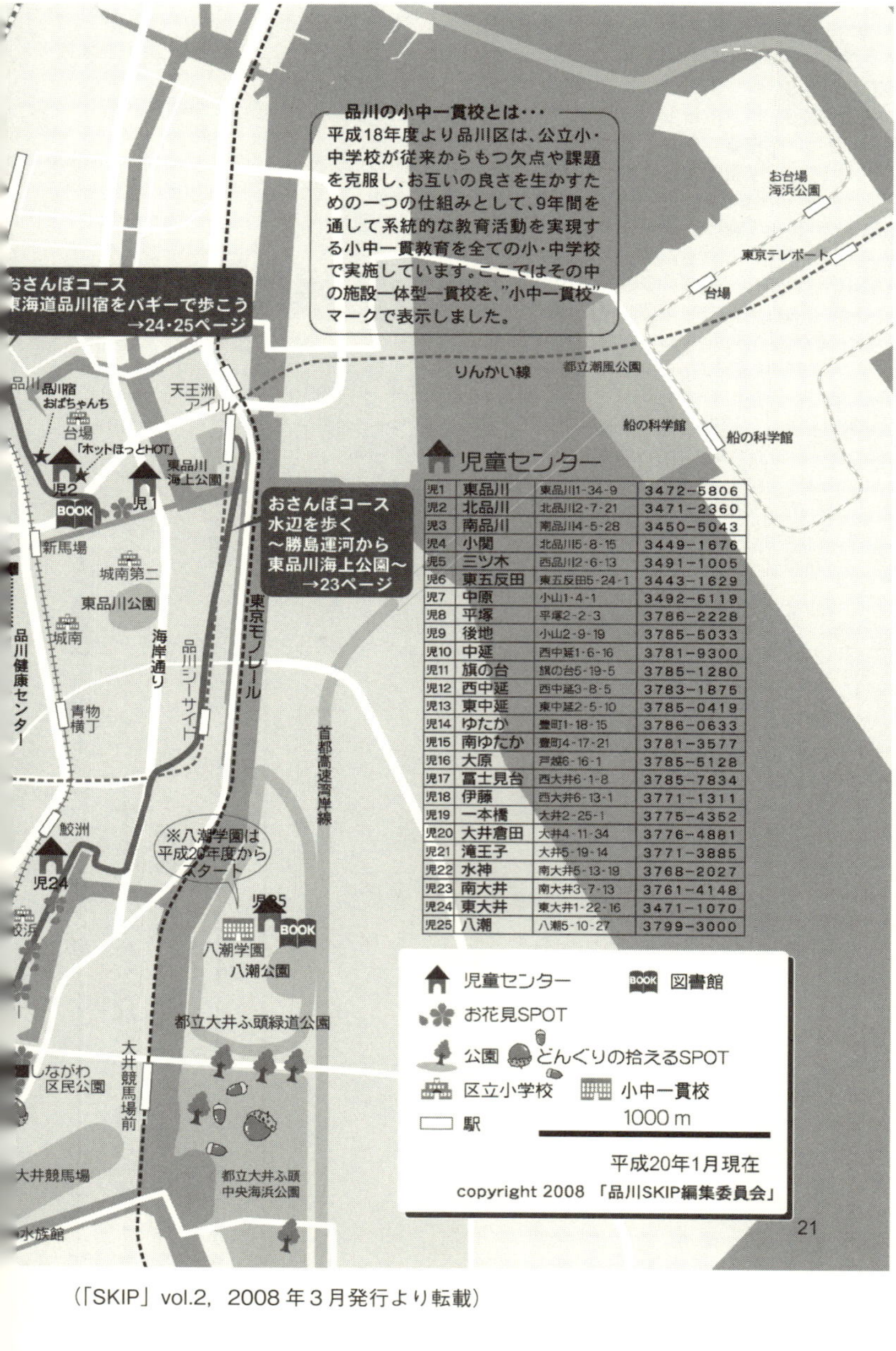

品川の小中一貫校とは・・・

平成18年度より品川区は、公立小・中学校が従来からもつ欠点や課題を克服し、お互いの良さを生かすための一つの仕組みとして、9年間を通して系統的な教育活動を実現する小中一貫教育を全ての小・中学校で実施しています。ここではその中の施設一体型一貫校を、"小中一貫校"マークで表示しました。

児童センター

児1	東品川	東品川1-34-9	3472-5806
児2	北品川	北品川2-7-21	3471-2360
児3	南品川	南品川4-5-28	3450-5043
児4	小関	北品川5-8-15	3449-1676
児5	三ツ木	西品川2-6-13	3491-1005
児6	東五反田	東五反田5-24-1	3443-1629
児7	中原	小山1-4-1	3492-6119
児8	平塚	平塚2-2-3	3786-2228
児9	後地	小山2-9-19	3785-5033
児10	中延	西中延1-6-16	3781-9300
児11	旗の台	旗の台5-19-5	3785-1280
児12	西中延	西中延3-8-5	3783-1875
児13	東中延	東中延2-5-10	3785-0419
児14	ゆたか	豊町1-18-15	3786-0633
児15	南ゆたか	豊町4-17-21	3781-3577
児16	大原	戸越6-16-1	3785-5128
児17	冨士見台	西大井6-1-8	3785-7834
児18	伊藤	西大井6-13-1	3771-1311
児19	一本橋	大井2-25-1	3775-4352
児20	大井倉田	大井4-11-34	3776-4881
児21	滝王子	大井5-19-14	3771-3885
児22	水神	南大井5-13-19	3768-2027
児23	南大井	南大井3-7-13	3761-4148
児24	東大井	東大井1-22-16	3471-1070
児25	八潮	八潮5-10-27	3799-3000

（「SKIP」vol.2，2008 年 3 月発行より転載）

SKIPオリジナル
おやこで
遊ぶ・であう
SKIPマップ
品川
東京都庭園美術館
港区
目黒川
首都高速二号線
目黒
第三日野
池田山公園
山手線
目黒区
山手通り
児6
桜田通り
五反田
地域子育て
支援センター
不動前
日野学園
都立林試の森公園
第四日野
小山台
児7
BOOK
第一日野
大崎
広小路
八ツ山の坂
御殿山
後地
児9
児4
武蔵
小山
東急目黒線
品川区保健所
荏原健康センター
児8
東急池上線
芳水
大崎
「ニッコリータ」
家庭あんしん
センター
おさんぽコース
戸越銀座商店街
→26・27ページ
西小山
小山
荏原ほっと・サロン
平塚
戸越
銀座
京陽
三木
第二京浜
京浜東北線
児10
中延
荏原文化センター
宮前
児14
児5
第二
延山
中原街道
荏原
中延
戸越公園
JR大井工場
しながわ中央公園
戸越
下神明
区役所
延山
児13
戸越公園
大井町
東中延公園
東急大井町線
清水台
児12
大原
児15
大間窪
大井
保健相談所
中延
児16
杜松
旗の台
児11
児19
長原
旗台
荏原町
源氏前
上神明
西大井
山中
児20
西大井広場公園
児17
児18
伊藤学園
児21
大井第一
伊藤
東海道新幹線
大森貝塚遺跡庭園
児22
横須賀線
鈴ケ森
児23
桜新道
大森海岸
20
大田区
大森

ネットワーク事情

2008。7

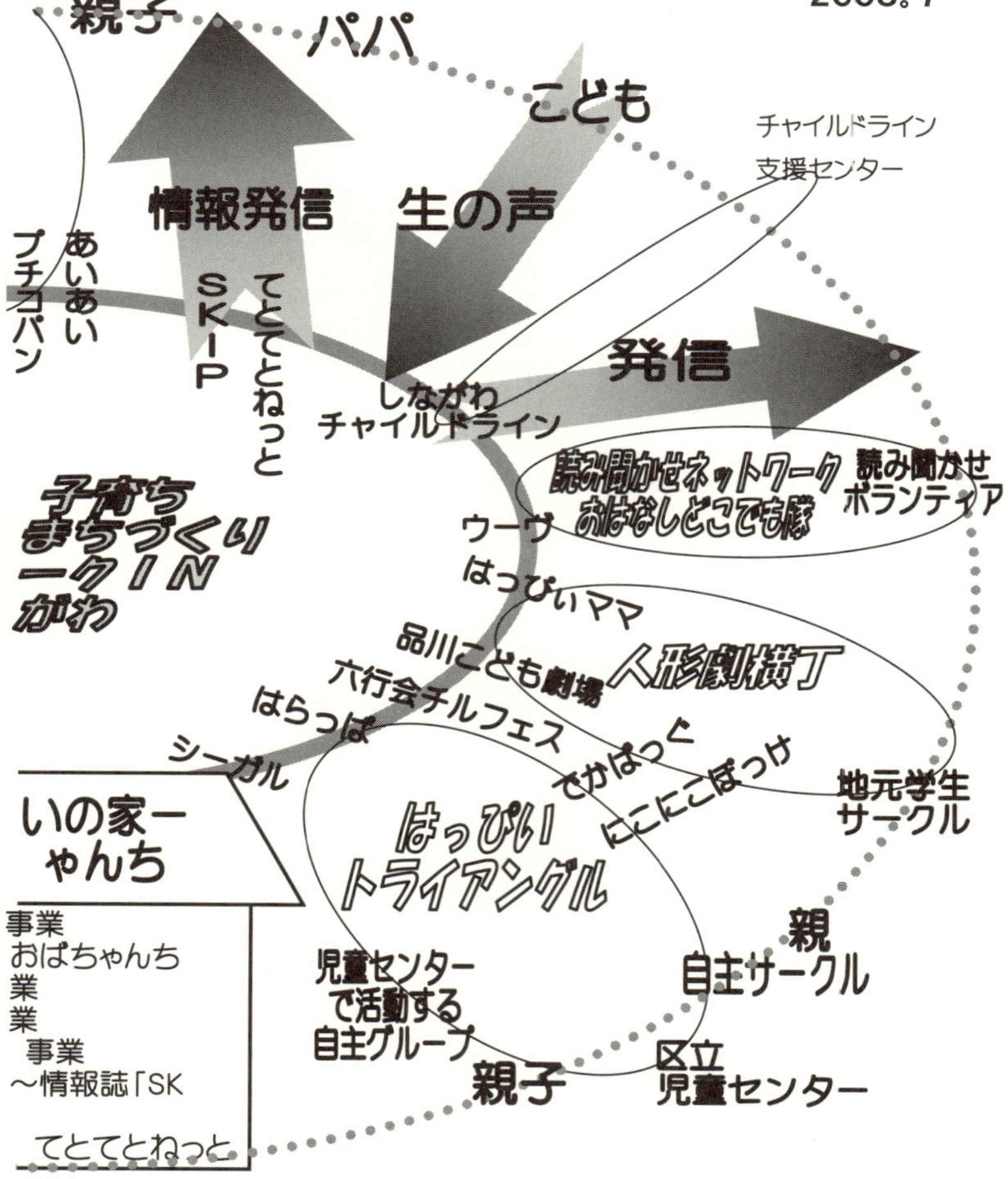

似たような活動の仲間を一応集めて描いたところもあります。一番内側の楕円が、ゆるやかにつながっている「子育て・子育ちにやさしいまちづくりネットワークＩＮしながわ」を表しています。（作図・幾島博子）

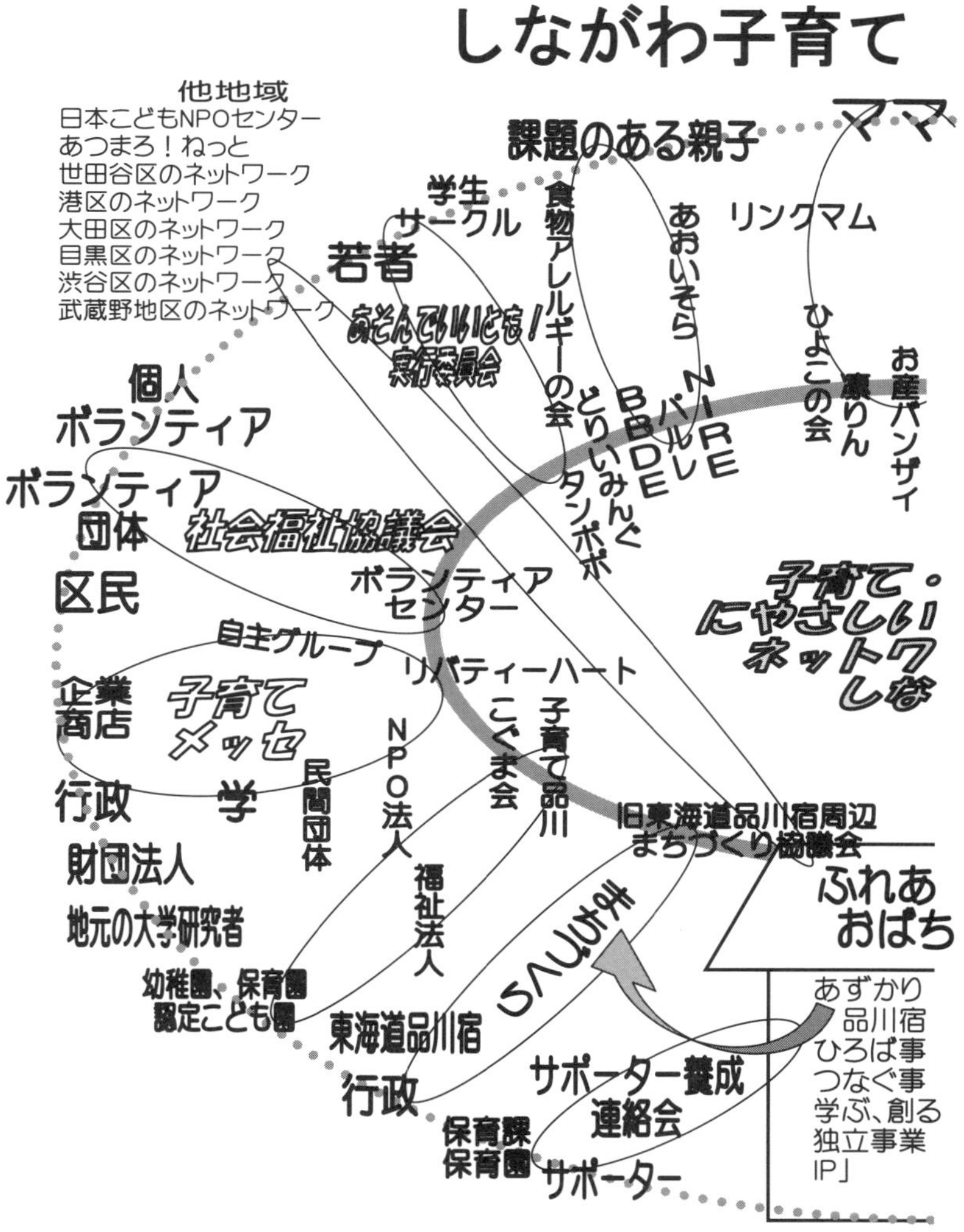

一番外側の点線の楕円が、町に暮らす人々やいろいろな組織など品川区全体を表しています。その他の大小の楕円は、ネットワークを表しています。ネットワーク組織として動いているものから、なんとなくつながっている、

が広い地域からみに来ています。また、月日と共に活動の回数も減ってきていたグループが“この日のために”と集まってきていたりしますし“今は活動していないけれど……”とボランティアをかってでてくれたりもします。

さらに、中高生を含む若者たちがさまざまな形で参加しているのは、品川ならではと思われます。年齢の近いお姉さん、お兄さん達とふれあえる子どもたちにとっても、また、我が子の今後の姿を重ね合わせてみれる親にとってもうれしいことです。品川の児童センターで育った若者たちを中心に行われる、年に一度のイベント『**あそんでいいとも！〜キッズワンダーランド〜**』は、若者ならではの発想がいっぱい詰まっていて「自分の子ども達もいつかはこういうふうに小さい子どもたちと遊んであげる側にいてほしいな！」と思わざるをえません。

本来、自主グループとは、【気持ちのある人が、できる範囲で、できることを】というのが基本ですが、思っていてもしばしばムリがでてしまいます。しかし【好きなことをやるならば多少のムリもいとわない】というのも一理あって、そうした人たちの姿が地域のあちこちに目に見える形で出てきているのが、今の品川の状況だと思います。

それでも、まだまだその「楽しさ」を知っているのは一握り……。活動できる場が増えて、継続するグループも増えていくと、裾野も広がっていき、もっとたくさんの方が活動を楽しめて、子ども達も同じようにいろいろな経験をできるようになっていくのではないでしょうか！（吉仲理恵）

次頁のネットワーク図は「子ネット」に参加している団体を中心に、どのようにつながりあっているのかを表してみました。団体・グループの活動もそこに関わる個々人も、もっともっと複雑に絡み合っているので、このように二次元で表すことは大変むずかしいことでした。品川で活動する全ての団体が網羅されているわけではないので、不足もあり、不十分でもあります。また、あくまで「おばちゃんち」から今見えている見え方であり、客観的な位置を示しているものでもありません。

それでも、このような活動のつながりと、そこに暮らす親子や人々がいることを描いてみると、そこにイキイキとした町の様子が見えてきます。

品川区での「子育て系」自主グループについて

品川区で子育て支援事業を行っている民間団体や自主グループで最も特徴的なのは、以前からあるグループと、新規で立ち上がったところがいい具合にミックスしていることだと思います。また、グループ間の横の繋がりがあることも、他地域の人からすると、とても不思議に思われるようで、「なぜいい具合に関係が保てているの？」と度々聞かれます。ひとつには、20年近く前にスタートして、今も活動されている方たちが「かつては、自分の子ども達が対象だったけれど、今の子ども達のためにも何かしたい」という気持ちを持ってくれているからだと思います。

ここ数年で新しく立ち上がっているグループが、長く続いているグループと繋がるきっかけは『ふれあいの家―おばちゃんち』の呼びかけによる**「みんなで子育て・子育ちネットワークINしながわ」**（通称:「子ネット」、春・秋２回開催）の存在が大きく、初めは「どうして他の団体との交流が必要なの？」と、時間をつくっての会議への参加に難色を示すところもありましたが、３年目（2008年）の今春の会議には、登録している36団体中25団体、40名もの参加者がありました。

親としても、毎回「こんなにも様々な方たちが、品川の子ども達を見守ってくれてるんだ！」と心強く思いますし、多くの団体が、時間も人数も余裕がない中でも、わざわざ「子ネット」に参加することで、「繋がることで、できることがある」喜びを感じてきているのは、大きなことだと思います。

自主グループの多くは“自分たちがやりたいことを、仲間内でやる”ためのものであるため、初期メンバーの入園・入学などにともなって解散する場合が多いのが通例です。しかし、８年…20年…と続いてきているサークルは“主な活動以外でも仲間としての意識が強く”“できる範囲で続ける”気持ちが大きいようです。

はじめは児童センターの呼びかけでスタートした、子育てに関わる団体や個人の交流会『**はっぴぃトライアングル**』は、毎回装いを変えて７回を数え、赤ちゃんから年輩の方まで世代を超えて楽しめるイベントになりました。

『**人形劇横丁**』は、人形劇や読み聞かせ、歌や踊りのグループが集まって開催する、年に一度のイベントです。毎回たくさんの親子連れ

しながわでの“子育て”…いろんなことがあるんだね

4歳	5歳	小学校	中学校
	★就学前健診		
	MR2期 (麻疹・風疹)	11歳 DPT2期	
認定こども園		★学校選択制度 小中一貫教育	
		★すまいるスクール	
★区立幼稚園→P.30参照		特別支援学級 通教指導学級 特別支援(盲・ろう・養護)学校など	
		ティーンズプラザ	
		児童センターのジュニア向けクラブ	
		ジュニアリーダー教室	

毎月1、11、21日の3回発行される区報(広報『しながわ』)をよ～く見て、最新情報をこまめにチェックするのが、「SKIP」からのおすすめです。

◎予防接種の注意点
ここに記載した予防接種は、接種時期が近付くと通知され、無料(公費)で出来ます(接種票が郵送されます)。

おたふくかぜ、水ぼうそう、インフルエンザは任意接種で有料です。1歳から4歳になる前日までに、品川区内の契約医療機関でおたふくかぜ、および水ぼうそうの予防接種を受ける場合には各3,000円の助成があります。

★印のものは、品川区発行『いきいきあんしん子育てガイド』(19年度版)から抜粋して掲載しています。
区役所・地域センターや保健所、児童センターなどでもらえるよ。

平成20年1月現在

(「SKIP」vol.2, 2008年3月発行より転載)

子育てチャートinしながわ

妊娠	0歳	1歳	2歳	3歳

健診など

★母乳相談
★新生児訪問・すくすく赤ちゃん訪問→P.7参照
★乳児（4ヶ月児）健診
★妊婦健診
★妊婦歯科健診
★6ヶ月児健診　★1歳6ヶ月児健診
★9ヶ月児健診　★むし歯撃退教室
★3歳児健診
3歳児無料フッ素塗布
2歳児歯科健診

★予防接種
BCG
ポリオ
DPT1期初回

MR1期
（麻疹・風疹）
ポリオ

DPT
1期
追加

保育と学び

★区立保育園、区立幼保一体施設、私立保育園、東京都認証保育所→P.33参照
プレ幼稚園（私立幼稚園）　★私立幼稚園→P.30参照
★病児保育、病後児保育→P.33参照
★品川児童学園（知的障害児通園施設）　★子育て支援センター（療育相談）
★オアシスルーム→P.33参照　★一時保育
★ファミリー・サポート

仲間に出会えるよ

★地域交流室（ポップンルーム）→P.33参照　★フラっと広場　★おもちゃプラザ
★両親学級（沐浴編・リラクセーション編）→P.6参照
★母親学級→P.6参照
★ツインキッズ（双子の赤ちゃんとお母さんの集まり。双子を妊娠している妊婦さんの参加も可能）
民間のマタニティスイミング・マタニティビクス・マタニティヨガ
民間の産後セルフケア→P.16参照
★ファミリー子育て体験（親子で保育園を体験～給食体験や焼きいも会もあるよ！）→P.33参照
★たんぽぽクラス、ぷちマリン、みつまたっこくらぶ
（生後1～4ヶ月頃の赤ちゃんとお母さんの集い）
★児童センターの親子（幼児）クラブ　サンデー子育てサポート
★児童センターの親子サロンや子育て支援センターの交流スペース

託児付き講座
★家庭教育講座　0・1・2歳　3歳の頃　就学前
★子育て安心教室＜品川区保健センター＞

子育て安心グループ「ほっとパパママくらぶ」＜品川区保健所＞
子育て学級（乳児編・幼児編）＜大井保健相談所＞
★離乳食教室　★幼児食教室
★健康センター・体育館のコース型教室（有料、親子エアロビや子ども向けの体操など）→P.28参照
ベビースイミング・ベビーマッサージ・親子リトミックなど
親子で参加する教室→P.28参照

【みつまたっこくらぶ】といった、保健センター毎に生後１～２ヵ月の同じ月齢の赤ちゃんたちとママとの交流を始めることができます。また、近隣の児童センターでの【幼児クラブ】に参加したり、【親子サロン】で親交を深めたりできます。とくに【親育ち講座】や父親参加の企画、将来親になる中高生への働きかけなど、親育ちへの支援事業が増えています。

＜交流の場＞ 品川区において児童センターは、子育て期の親子、さらに小学生から18歳の子ども達の“安心できる居場所”として大きな役割を果たしています。自主サークル活動の拠点として場を提供されていることも心強いです。

児童センターの他にも様々な形の場所があります。４ヵ所の保育園に併設された【ポップンルーム（地域交流室）】や『家庭あんしんセンター』にある【フラっと広場】、『ぷりすくーる西五反田』にある【子育てひろば】などです。どこも、各々の工夫によって催し物や講座などが開かれています。

＜保育や教育の場＞ 保育園は、既存の認可保育園の他に【認定こども園】【幼保一体施設】、公設民営の【ぷりすくーる西五反田】などがあります。【延長保育】【夜間保育】のほか、【休日保育】【年末保育】や、まだ、数は多くはないですが【病児保育】【病後時保育】もあります。幼稚園でも基本保育時間以外の預かり保育ができるところが増えています。

＜助成金＞は、他地域ではあまりない【一般不妊治療費助成】があり、また【妊婦健康診査】の助成回数が14回とほとんどをカバーし、【子どもすこやか医療費助成】は中学卒業までです。

＜就学後＞ 品川区では全小学校にある【すまいるスクール】で、保護者の就労の有無に関わらず小学生が放課後過ごすことができる場になっており、学童保育クラブ機能も果たしています。また、児童センター（児童館）が２５館あり、乳幼児と共に中高生まで利用することができます。

（吉仲理恵）

品川区における行政の子育てサポート

次頁の「子育てチャートinしながわ」にあるように、品川区ではここ10年ほどの間にたくさんの子育てサポートプログラムが始まりました。その多くは、既存の施設に複数の役割を持たせることで、その中から選択ができるようになっています。

まず、**＜出産までの時期＞**でぜひとも活用すべきだと思うのは【マタニティクラス】や【両親学級】です。赤ちゃんとの生活の心構えや、出産時期の近い方との交流も早い時期からできることは、大きな安心につながります。

より実践的な体験の場としては【ファミリー子育て体験】があります。親子で、区立保育園での保育体験や相談ができます。また、保育園・幼稚園・児童センターは【チャイルドステーション】として、気軽な相談や、授乳・オムツ替えの場として立ち寄れる心強い場所となりました。

＜出産後の早い時期＞に【すくすく赤ちゃん訪問】として、助産師や保健師、児童センターの職員が、子育ての情報を届けてくれます。新たに【ブックスタート】も始まり、絵本が届けられるようになりました。

＜相談＞できる場としては、就学までの大まかな生活の目安が立てられるように【子育てプランの作成】を育児相談員とできるようになりましたし、【妊娠あんしん相談】で不妊に関する悩みに専門医が応じてくれたり、【発達相談】【母乳相談】【歯科衛生相談】……などなど、様々な不安に答えてくれる場も増えています。

＜手助け＞という部分でも、有料ではありますが、出産前後の【すこやかサポート】で地域の方に来ていただけたり、【一時保育】【ファミリーサポート】【オアシスルーム】といった形で預かってもらえる制度があります。

＜出産後の仲間づくり＞には【プチマリン】【たんぽぽクラス】

【読みきかせネットワーク　おはなしどこでも隊】

連絡先：TEL　03-3450-2165

保育園、児童センター、学校などから、おはなし会やブックトークの要望があれば、出張していきます。現在、定期的なおはなし会を行っているのは、保育園、児童センター、すまいるスクール、小学校、高齢者施設などです。

【リンクマム】

連絡先：吉仲理恵　Email:QWN10711@nifty.ne.jp

2001年スタートの“大井町大森ママの情報交換メーリングリスト”です。最初は、母親学級や幼児クラブの仲間を繋ぎたくての試みでしたが、今は区内全域に広がってます。“ご近所を遊び尽くそう！”をモットーに続いてます。「区内の子育てに関する色々」に関しての情報交換なども！

【ルンビニ幼稚園ひよこ組】

連絡先：〒142-0041 品川区戸越2-6-3　TEL　03-3781-6286　行慶寺ルンビニ幼稚園内

「ひよこ組」は幼稚園に入る前の小さなお子さまが、幼稚園のお庭でママと一緒に遊ぶ会です。お兄ちゃんが他の幼稚園に行っていたり、ルンビニ幼稚園に入園する予定がない方でも地域の遊び場と考えて気軽に参加してください。保護者同伴でご参加ください。保育のある水曜日の午前中　午前9:30 ～ 11:00　　冬季は10:00 ～ 11:15 ぷりすくーる

ター　他

発達障害についての情報提供と、お子さんのための療育・ソーシャルスキルトレーニング、個別の学習指導、保護者のためのペアレントトレーニング、講演会、子育て相談・教育相談などを行っています。お子さんのことで、落ち着きが無い・言葉が遅い・学習意欲がないなど、それほど問題では無いけれども、何となく気になることがあるときは、気軽にご相談ください。

【NPO法人　フリースペース　タンポポ】

連絡先：〒 141-0031 品川区西五反田 3-4-24-404

TEL　03-6278-7577

Email:yoko.asou@nifty.com　　http://www.counseling.ne.jp

摂食障害など､心の問題を抱えて閉じこもりがちになっている女性･不登校児（女児のみ）が社会へ出るためのリハビリと仲間作りを目的としたフリースペースと、カウンセリングを主な活動としています。

【品川区立就学前乳幼児教育施設　ぷりすくーる西五反田】

連絡先：〒 141-0031 品川区西五反田 3-9-9

TEL　03-5759-8081　FAX　03-5759-8082

Email:center@preschool.jp　　http://www.preschool.jp/

地域教育施設・保育園・地域子育て支援センターの総合施設として、平成 16 年 6 月 1 日に公設民営の就学前乳幼児教育施設「ぷりすくーる西五反田」として開園。地域子育て支援センターでは､子育て相談･子育て広場の開設・子育てグループの支援・講演会を行っています。

【モダンダンスカンパニー　シーガル】

連絡先：片山享子　TEL　03-3471-0354

戦後に日本を荒廃から救い、平和のために立ちあがった多くの文化人がいました。その１人であった私の恩師の志を受け継ぎ『文化や芸術こそが平和を守る大きな力になる』という信念のもとに活動を始めました。今後は後進が引き継いでくれるよう活動を続けていきたいと願っています。

品川区教育委員会主催 ダンスフェスティバル・子どもフェスティバルへの参加、地域児童センター行事・宿場祭・六行会チルドレンズフェスティバルへの参加、シーガル主催の発表会を開催

http://nikopoke.web.fc2.com/
主な活動場所：品川区内の児童センター等
親子ふれあい遊びを中心に、パネルシアターやペープサート、エプロンシアター、季節の遊びなどを楽しんでいます。

【NPO法人　バイリンガル・バイカルチュラルろう教育センター】
連絡先：〒143-0016 大田区大森北1-30-1 三喜屋ビル２階
Email:info@bbed.org　http://www.bbed.org/
BBEDろう教育センターは、ろう児（聞こえない子）に対するバイリンガル（日本手話と書記日本語）・バイカルチュラル（ろう文化と聴文化）教育を推奨しています。ろう児をもつ保護者への情報提供やろう児の子育てアドバイス、バイリンガル・バイカルチュラルろう教育の教材開発。ろう児や日本手話について広く知ってもらえるよう社会一般に多くの情報を発信しています。

【はっぴいトライアングル　世話人会】
連絡先：吉仲理恵　TEL　090-1552-4586
Email:QWN10711@nifty.com　http://plaza.rakuten.co.jp/hapitora/
品川区で子どもや子育てに関わるさまざまな活動をしているNPO、自主グループ、サークル、個人の交流の場。“つながる”ことで生まれ、豊かになる“Happyなトライアングル”をたくさん創りたい！
とゆるやかなネットワークづくりを行っています。年に１度交流会を行い、活動の発表や紹介の場を設けてきました。ここ数年は『はっぴいトライアングル～ラ・ラ・ラ 手をつなご！～』として、参加した誰もが楽しめる様なイベントを開催。

【はっぴぃママ】
主な活動場所：大井倉田児童センター　TEL　03-3776-4881
毎月第３水曜日の午後３時から定例会を開催しています。お茶を飲みながら、絵本の情報交換や子育てや教育の話題で盛り上がってます。時には、パネルシアターの新しい作品をみんなで作ることもあります。

【NPO法人　パルレ　略称：パルレ】
連絡先：Email:pal@m2.wand.jp　FAX　03-3788-3990
主な活動場所：関ヶ原シルバーセンター２F　品川ボランティアセン

（2）ボランティアの啓発・普及・育成
（3）福祉系ボランティアのコーディネート
（4）福祉系ボランティア・区民福祉活動の創発と支援
（5）ふれあいサポート活動推進に対する支援

【でかばっぐ】

連絡先：Email:tabata85@cts.ne.jp

1991年、児童センターの幼児クラブで知り合ったお母さんと作ったサークルです。大きなかばんの中に人形やパネルを入れて気軽に子どもたちのところに飛んでいきます。人形劇・パネルシアターなどやりたいものをみんなで作り、保育園・幼稚園・小学校・児童センターなどで公演しながら、会員同士の交流の場ともなっています。

【てとてとねっと編集局】

連絡先：Email:info@tetoteto.net
主な活動場所：大井倉田児童センター、男女共同参画センター、品川ボランティアセンター　ほか

「てとてとねっと　http://tetoteto.net/」は、しながわ子育てポータルサイトです。「お役立ち情報」と「仲間との出会い」をメインテーマに、子育て奮闘中の仲間たちが試行錯誤の手作りでお届けしています。しながわの子育て、まずはここからどうぞ！　http://tetoteto.net/

【ＮＰＯ法人　どりいみんぐ】

連絡先：〒142-0063 品川区荏原4-2-17
TEL　03-3782-1903　FAX　03-3495-5198
Email:doriming@west.cts.ne.jp　http//www1.cts.ne.jp/^doriming/

人が人として明るく生き生きと生活できるように自立支援し、また、共に生きる相互理解を推進し、福祉の増進に寄与することを目的とします。居宅支援＜ヘルパーステーション＞　送迎支援　生活支援＜相談＞　委託事業＜西大井つばさの家世話人＞　障害児ケアタイム事業＜にじのひろば＞

【にこにこ☺ぽっけ】

連絡先：Email:nikonikopokke@yahoo.co.jp

おいて「食物アレルギー」について理解していただくことが子どもの命を守ること、快適に生活できること、につながると思います。同じ悩みを持つ親同士で仲間作りをはじめたばかりです。2008 年度の主な活動予定　＊会員同士の情報交換を目的とした交流会開催　＊他団体との交流や勉強会出席　＊会の活動を活発化させる　＊お料理レシピ交換会　＊ホームページやメーリングリストでの情報提供

【品川ＳＫＩＰ編集委員会】

連絡先：Email:skip@tetoteto.net

主な活動場所：大井倉田児童センター、中小企業センター　など

主に０～３歳のお子さんを育てている方向けに、子育てのちょっとだけ先輩ママの生の声を盛り込んだ、情報誌「おやこであそぶ、しながわ子育てガイドＳＫＩＰ」を年１回発行しています。読んで元気になってもらうばかりでなく、参加することで子育て期の経験を次の世代へ生かし、仲間や町とつながることで子育て期の閉塞感を乗り越えていこうと区内あちこちにて活動中。「ＳＫＩＰ」のほか、自主グループ MAP や児童センター等に地域情報掲示物などを制作しています。

【しながわチャイルドライン】

連絡先：〒 140-0015 品川区西大井 2-10-14 徳江方　しながわチャイルドライン事務局

TEL　03-3773-1929　FAX　020-4666-3088

18 歳までの子どもたちがかけられる子ども専用電話です。毎週金曜日午後７時～９時半に電話開設をしています。毎月、研修を実施しながら、電話の向こうの子どもたちと向き合い、一緒に考えたり悩んだりしています。誰かと話がしたくなったら電話をしてください。

＜しながわチャイルドライン　TEL　03-3494-8872 ＞

【品川ボランティアセンター】

社会福祉法人品川区社会福祉協議会　品川ボランティアセンター

連絡先：〒 140-0014 品川区大井 1-14-1　大井１丁目共同ビル２階

TEL　03-5718-7172　FAX　03-5718-7170

今後、重点的に取り組んでいく業務と方向性は次の通りです。

（1）ボランティア関連情報の収集と提供

乳幼児のための新たな「教育・保護機関」の運営を可能にした組織を目指して活動しています。子育て支援センターと幼稚園・保育園の総合施設「ぷりすくーる西五反田」を運営。

【子育て仲間＊はらっぱ】

連絡先：Email:harappa@tetoteto.net　http://plaza.rakuten.co.jp/harappa
主な活動場所：荏原ほっとサロン（〒142-0063 品川区荏原 4-12-20）

地域での“子育て相互支援”をめざしている自主グループ。親子のひろば「ニッコリータ」・産前産後クラス・ワークショップなどの活動を通して産前産後から仲間や地域とつながり、親も子もともに育ちあえる場を、みんなで創っていきたいです！

【品川子育てメッセ実行委員会】

連絡先：henu@east.cts.ne.jp　（武田）
主な活動場所：北品川児童センター、大井倉田児童センター、中小企業センターなど

2007 年 3 月 2 日に大井町駅前きゅりあんにて第 1 回「品川子育てメッセ～みつけた！子どもといっしょに広がる世界」を開催。品川近辺で様々な活動を行う母親有志で結成した実行委員会によって、行政・民間・NPO 団体・自主グループ・地元商店街・企業などが個々に行っている「育児を応援」する取り組みを集め、メッセを企画しました。2009 年夏第 2 回開催予定の実行委員・協賛を募集中。

【品川こども劇場】

連絡先：〒142-0041 品川区戸越 4-6-2　TEL/FAX　03-3784-6985

観る、遊ぶが活動の柱です。生の舞台を観る事によって育まれる感性は、生きる力の源。親子で、仲間で感動を共有することで、思いやり、創造性、社会性の豊かなこどもに成長してほしいと願っています。また、異年齢集団での遊びを通し、おとなもこどもも地域の仲間作りのお手伝いになれば、と思っています。

【品川食物アレルギーの会】

連絡先：〒140-0014 品川区大井 2-1-20　TEL　090-9399-4232
　　　　FAX　03-5709-6720　Email：mama@shokuare.sakura.ne.jp

地域・行政・教育機関・行楽地・etc. 子どもが関わる場所すべてに

【旧東海道品川宿周辺まちづくり協議会】

連絡先：〒140-0001 品川区北品川 1-2-2（平成 21 年 1 月に北品川 2-28-19 へ移転の予定） TEL 03-3472-4772

Email:intermedia@syd.odn.ne.jp http://www.japan-city.com/sina/

1988 年に旧品川宿周辺の有志、町会、商店街が一体となって発足。五三次の宿場町、ジュネーヴ市との交流、無料休憩所の運営、まち歩きマップの配布、情報発信、街道松と石畳をつなぐ事業など、まちづくり活動を継続しています。

【NPO法人 教育サポートセンター NIRE】

連絡先：〒142-0053 品川区中延 5-6-14 第一亀田ビル 2F

TEL/FAX 03-3784-0450 http://nire.m78.com/

主な活動場所：当会事務所（東急大井町線荏原町駅すぐ）

LD や ADHD、アスペルガー症候群など、特別な教育的ニーズをもつ子どもたちの教育支援を行なっています（小学生～高校生）。

【NPO法人 こぐま会 こぐま保育園】

連絡先：〒142-0064 品川区旗の台 2-7-17 TEL/FAX 03-3783-0880

http://www.koguma-hoikuen.org/

こぐま保育園が、子どもと親、そして地域の方にとっても「ほっとできる居場所」になるよう、園づくりをすすめていきたいと考えています。

・東京都認証保育所こぐま保育園の運営（0 歳児 / 1 歳児 定員 15 名）
・地域の子育てグループへの園舎の開放
・こぐまっこまつりなどイベント・子育てに関する学習会の開催
・地域の教育懇談会への参加と協力
・子育てに関する相談

以上の活動に加え、地域の子育て団体・NPO との交流と連携、保育ボランティアの受入れなどに積極的に取り組みたいと考えてます。

【NPO法人 子育て品川】

連絡先：小俣昌道 TEL 03-3781-6255 FAX 03-3784-6252

Email:jimu@kosodates.jp http://www.npo-kosodates.jp/index.html

乳幼児を取り巻く子育てについての様々な問題点を調査研究し、幼稚園・保育園、公立・私立の壁を越えた、ゼロ歳児から就学前までのキッズワンダーランド～』）です。

【アトリエ＊チルドリン】＜運営：株式会社リバティ・ハート＞
連絡先：TEL　03-3458-8501　株式会社リバティ・ハート内
http://atelier.child-rin.com/
主な活動場所：大井町きゅりあんすぐ脇
フリーマガジン『チルドリン』と連携したコミュニティ・スペース『アトリエ＊チルドリン』を運営。ママの好奇心と情報発信をサポートする活動として2007年8月8日にオープン。人気のワークショップや会員ママ企画のイベントを随時開催。運営は地域ママの手で行われ、会員ママに毎日無料で開放中。

【NPO法人　ウーヴ】
連絡先：〒142-0053 品川区中延6-2-18 源氏前小学校内
TEL/FAX　03-5498-3135
Email:u_ve2005@yahoo.co.jp　http://www.k4.dion.ne.jp/~u_ve
主な活動場所：品川区立小中学校図書館　品川区立荏原文化センター
品川区内保育園・児童センター・すまいるスクール
『品川を本であふれる街に』を合言葉に、あかちゃんからお年寄りまで誰もが、絵本の楽しさ、本の世界のすばらしさ、なつかしい昔話に触れられる機会をたくさん提供しようと活動しています。『乳幼児のグループにおはなし会を開いてほしい』『子どもにどんな本を読んであげたらいいの？』そんな要望や相談がありましたら、どうぞお気軽にお問合せください！

【お産バンザイ！】
連絡先：Email:osanbanzai@tetoteto.net　http://osanbanzai.seesaa.net/
主な活動場所：荏原ほっと・サロン、品川宿おばちゃんち、アトリエ＊チルドリン　ほか
出産体験を振り返って語り合う会「お産のこと、話しませんか。」の開催を中心に活動中。自分の生き方や子どもとのかかわりをみつめなおすきっかけ作りに。今後、乳幼児ハハによる手作りマタニティクラスや、ご近所の先輩ハハによる出産直後サポートを計画しています。

品川区内の子育て関連団体紹介

現在「おばちゃんち」と連携をとっている団体です。関心、お問い合せのある方は、いずれの団体にもぜひお気軽に連絡下さい。他に、紙数の都合で紹介しきれていない団体、グループもさまざまあります。

【あいあい】

連絡先：Email:aiai-2004@mail.goo.ne.jp
http://plaza.rakuten.co.jp/aiai2004/

主な活動場所：東大井・大井倉田児童センター

０～４歳までの幼稚園に入る前の子どもとそのママによる預かりあい自主グループ。主に平日の昼間２時間くらい、「３～４家庭で１グループ」となって複数のママで順番にお互いの子どもを預かりあいます。

子どもは兄弟のように育ちあい、子どもを預けているママは、つかの間の自由時間を満喫し、子どもを預かっているママは、子育て情報の交換やちょっとした育児の相談ができたりする場となっています。

【あおいそら】　★現在休会中★

連絡先：代表＝小河原由美子　TEL　070-5587-3403
Email:ogii77@dj.pdx.ne.jp

主な活動場所：品川区

障がいを持つ子どもたちの育ちを考え、支えあうための親の会。

今自分に必要な支援は、いつか誰かが必要になる支援のはず…、という考えから、周囲の応援を得て、ひとりで活動を継続しています。休会中の今も「あおいそら」としての勉強を継続して行きます。

【あそんでいいとも！実行委員会】

連絡先：asokids2008@yahoo.co.jp　http://hp.did.ne.jp/asokids2008/

主な活動場所：戸越公園、品川区立児童センター

子どもたちとあそびを通して活動している若者達が中心になって年に一度、品川の真ん中にある戸越公園に集結し、自分たちのできることややりたいことをパフォーマンスする！「遊びの楽しさ・大切さを伝える～こどもと大人の遊び合い～」を目的にし、夏休み最後の日曜日を思いっきり楽しもう！というイベント（『あそんでいいとも！～

丹羽洋子（にわ　ようこ）
育児ジャーナリスト。育児雑誌『ベビーエイジ』編集長、マタニティ・ベビーエイジ総合研究所長を経て、1990年育児文化研究所を設立。現在、同研究所所長。育児相談を行い、若い親たちの育児援助を行うとともに、現代の育児環境や親意識の変容についてさまざまな角度から調査を行い、それらの結果を踏まえ、育児の現場を応援する立場で発言や問題提起を行っている。
＜著書＞
『職安通りの夜間保育園』（ひとなる書房）／『今どき子育て事情～2000人の母親インタビューから』（ミネルヴァ書房）／『小児科医者内藤寿七郎物語』（赤ちゃんとママ社）／『連載ルポ　変わる！地域と子育て①～⑥』（現代と保育55号～60号　ひとなる書房）他

【ＮＰＯ法人ふれあいの家 - おばちゃんち】
連絡先：〒140-001 東京都品川区北品川 ２－２８－１９
tel.&fax. ０３－３４７１－８６１０　渡辺美恵子
Email：fureai@obachanchi.org　HP：http://obachanchi.org/

●装　幀／金子由美子
●イラスト／高橋葉子

品川に100人のおばちゃん見～っけ！
みんなで子育て まちづくり

2008年10月20日　　初版発行

著　者　丹羽　洋子
発行者　名古屋研一

発行所　㈱ひとなる書房
東京都文京区本郷 2-17-13
TEL 03(3811)1372
FAX 03(3811)1383
Email：hitonaru@alles.or.jp

印刷／モリモト印刷株式会社

ひとりの人間である親を支える新しい育児書!

今日の親たちの多くは、「親になる」ための教育やトレーニングを受けないまま、
また身近にいて助言し手助けしてくれる人もないまま、困難な子育てをしています。
“NOBODY'S PERFECT”は、そんな親たちを応援するために作られたカナダの親教育プログラムです。
この中で実際に使用されている親向けの5冊のテキストを合本にし、日本の読者にも役立つよう、
なるべく分かりやすく親しみやすく翻訳・編集しました。

普及版 完璧な親なんていない!

カナダ生まれの子育てテキスト

●監修/三沢 直子　●翻訳/幾島 幸子
●本体1,800円　●A4変形・248ページ
●本文2色刷

はじめから一人前の親などいません。
皆、まわりからの助けを得ながら
親になっていくのです。

プログラムをすすめる
ファシリテーター用テキストも
同時に刊行。

親教育プログラムのすすめ方

ファシリテーターの仕事

●監修/三沢 直子
●翻訳/杉田 真・門脇 陽子・幾島 幸子
●本体2,800円　●A4変形・224ページ

PARENTS
親だって人間です
自分に自信をもちましょう

■著者
ジャニス・ウッド・キャタノ

nobody's perfect

発行・発売
ひとなる書房
〒113-0033
東京都文京区本郷 2-17-13
TEL.03-3811-1372
FAX.03-3811-1383

家型パンフの作り方

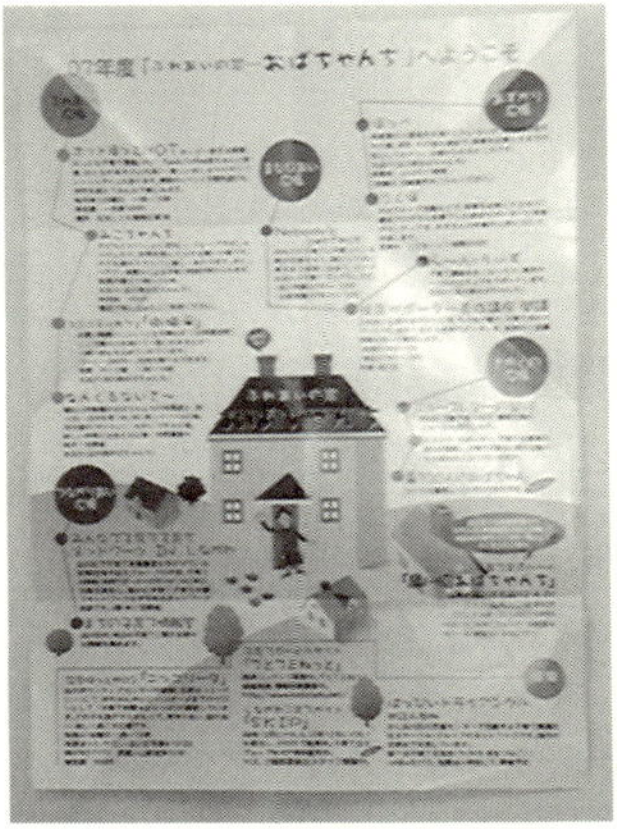

①切り取り線に沿って本から切り離す

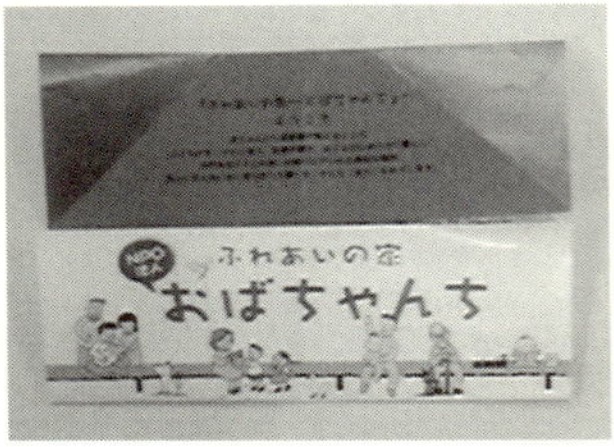

②真ん中に併せて上下を折り返す

③屋根の部分に折り目を付ける

④片方の折り目を戻して内側に折り込む

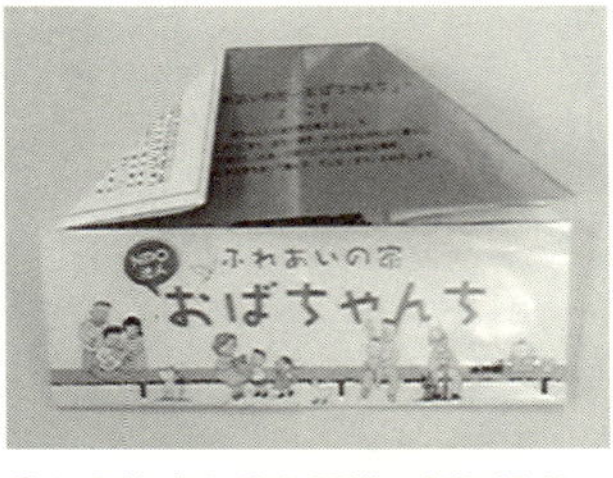

⑤もう片方も④と同様に折り込む

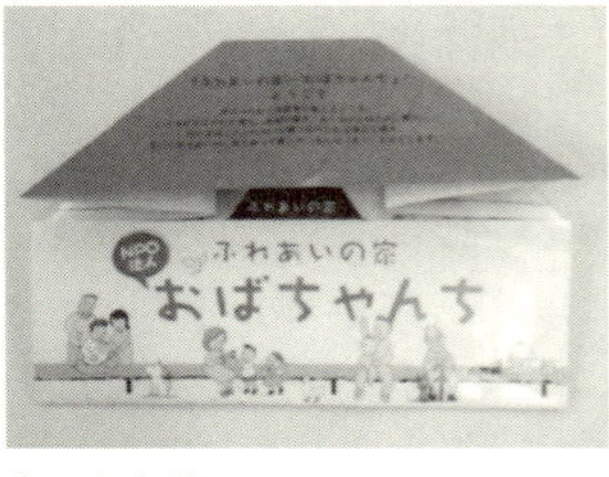

⑥でき上がり